AF273871

••• Títulos relacionados

COMT0110
ATENCIÓN AL CLIENTE, CONSUMIDOR O USUARIO
[OTROS TÍTULOS DISPONIBLES]

COMT0311
CONTROL Y FORMACIÓN EN CONSUMO
[OTROS TÍTULOS DISPONIBLES]

Sistemas de información y bases de datos en consumo UF1755

Enrique García Prado

© 2025 Ediciones Paraninfo, S. A.
© 2025 Enrique García Prado

Edición y maquetación: Ediciones Nobel, S. A.

Impresión: Liberdigital (Casarrubuelos, Madrid)

ISBN: 978-84-283-7391-3
Depósito legal: M-24343-2025

Impreso en España

Cualquier forma de reproducción, distribución, comunicación pública o transformación de esta obra solo puede ser realizada con la autorización de sus titulares, salvo excepción prevista por la ley. Diríjase a CEDRO (Centro Español de Derechos Reprográficos, www. cedro.org <http://www.cedro.org>) si necesita fotocopiar o escanear algún fragmento de esta obra.

Enrique García Prado trabaja como docente en el ámbito de la formación ocupacional y continua. Licenciado en Derecho, ha cursado los estudios de Técnico Superior en Prevención de Riesgos Laborales, Máster Universitario en *E-learning* y Redes Sociales, Máster en Asesoría Fiscal, Experto Universitario Sociolaboral, Programa Avanzado en Dirección Empresarial, Gestión de la Organización Empresarial, Gerente de Pequeña y Mediana Empresa, Gestor Administrativo y Mediador de Seguros Titulado. Como autor, tiene publicados diversos manuales para Certificados Profesionales.

Índice

4. Bases de datos y centros documentales en consumo...................... 127

Introducción normativa

La Ley Orgánica 3/2022, de 31 de marzo, de ordenación e integración de la Formación Profesional, contiene una disposición derogatoria única que afecta a la regulación de los certificados de profesionalidad, ahora denominados **Certificados Profesionales.** La referida normativa deroga la Ley Orgánica 5/2002, de 19 de junio, de las Cualificaciones y de la Formación Profesional, y abre un escenario de cambios que se irán implementando progresivamente.

La Ley Orgánica 3/2022, de 31 de marzo, de ordenación e integración de la Formación Profesional implica que toda la formación es acumulable. La oferta formativa se estructura de forma escalonada, siendo los Certificados Profesionales un nivel intermedio (Grado C) de una escala que va desde el Grado A hasta el E.

En los artículos 35 a 38 de la Ley 3/2022 se describe en qué consisten estos Certificados Profesionales: su oferta, formación asociada, estructura, duración, acceso, titulación y validez. Posteriormente, esta normativa se completa con lo dispuesto en el Real Decreto 659/2023, de 18 de julio, que desarrolla la ordenación del sistema de Formación Profesional. Concretamente en los artículos 67 a 81 es donde se hace referencia a la oferta formativa de Grado C, correspondiente a los Certificados Profesionales.

Están agrupados en 26 familias profesionales con características comunes del sector. En la actualidad hay más de medio millar de Certificados Profesionales incluidos en el Repertorio Nacional. Esta cifra no deja de crecer. Además, cada certificado está específicamente regulado por un real decreto.

Un Certificado Profesional corresponde al Grado C de la oferta del Sistema de Formación Profesional. Es un documento oficial, con validez en todo el territorio nacional y debe constar en el Catálogo Nacional de Ofertas de Formación Profesional, que certifica la capacitación para el desarrollo de una actividad profesional.

Debe detallar los módulos profesionales superados y los estándares de competencia profesional asociados a él e incluidos en el **Catálogo Nacional de Estándares de Competencias Profesionales,** así como su correspondencia con el Marco Español de Cualificaciones.

Despliegan su validez en un doble ámbito, laboral y académico:

- En el contexto laboral tienen validez profesional, porque acreditan las competencias en una determinada profesión. Para poder trabajar en algunas profesiones, se exigen determinadas cualificaciones, y los certificados sirven para acreditarlas.

- Asimismo, tienen validez académica, puesto que permiten continuar un itinerario formativo siempre que se cumplan los requisitos de acceso para cursar la titulación deseada. De tal modo que, los Certificados Profesionales que sean parte de un Grado D permitirán la matrícula modular para completar los módulos establecidos en el currículo y obtener el correspondiente título de técnico básico, técnico o técnico superior con validez en todo el territorio nacional.

Para obtener un Certificado Profesional (Grado C) es preciso cumplir con los requisitos de acceso para realizar la formación.

Estructura de los Certificados Profesionales

I. Identificación: denominación, familia y área profesional a la que pertenecen; nivel de cualificación profesional (1, 2 o 3); cualificación profesional de referencia; entorno profesional y módulos formativos que esté previsto cursar junto con la duración de cada uno de ellos.

II. Perfil profesional: incluye las competencias profesionales requeridas en el mercado laboral. En todas ellas se concretan las realizaciones profesionales y los criterios de realización.

III. Formación: describe los módulos formativos que esté previsto cursar para adquirir las competencias requeridas. En cada uno de ellos se indican las capacidades que se pretende alcanzar y la duración del módulo de prácticas no laborales —PNL—, para el que cabe solicitar exención si se cumplen determinados requisitos.

IV. Prescripciones de las personas formadoras.

V. Requisitos mínimos de espacios, instalaciones y equipamiento.

Los Certificados Profesionales se identifican con una denominación concreta y un código alfanumérico propio, y sirven para acreditar una determinada cualificación profesional. Cada certificado está asociado a una relación de unidades de competencia que, a su vez, se vinculan con una serie de módulos formativos específicos. Algunos módulos están integrados por unidades formativas y tanto unos como otras son, en ocasiones, transversales, lo que significa que se trata de contenidos incluidos en más de un Certificado Profesional.

Los Certificados Profesionales se articulan en tres niveles de competencia profesional (1, 2 y 3) conforme a lo dispuesto en el que será el Catálogo Nacional de Estándares de Competencias Profesionales, anteriormente Catálogo Nacional de Cualificaciones Profesionales (CNCP), según los criterios establecidos de conocimientos, iniciativa, autonomía y complejidad de las tareas, en cada una de las ofertas de Formación Profesional.

La oferta formativa dirigida a la obtención de los Certificados Profesionales tiene carácter modular para favorecer la acreditación parcial acumulable de la formación recibida y posibilitar así el avance en el itinerario de Formación Profesional para cualquiera que sea la situación laboral de cada persona en cada momento.

En definitiva, el Grado C constituye la oferta, parcial y acumulable, del sistema de Formación Profesional, de varios módulos profesionales del catálogo modular de Formación Profesional por razón de su significado en el mercado laboral y conducente a la obtención de un Certificado Profesional.

Las ofertas de Grado C de Formación Profesional tendrán por objeto módulos profesionales incluidos previamente en el catálogo modular de formación profesional y asociados al Catálogo Nacional de Estándares de Competencias Profesionales.

Finalidad de los Certificados Profesionales

- Contribuir a la ordenación de un Sistema de Formación Profesional al servicio de un régimen de formación y acompañamiento profesionales que sea capaz de responder con flexibilidad a los intereses, expectativas y aspiraciones de cualificación profesional de las personas a lo largo de su vida.

- Combinar escuela y empresa situando a la persona en el centro del sistema.

- Facilitar el aprendizaje permanente de toda la ciudadanía mediante una formación abierta, flexible y accesible, estructurada de forma modular, a través de la oferta formativa asociada al certificado.

- Acreditar las cualificaciones profesionales o las unidades de competencia recogidas en estas, independientemente de su vía de adquisición, bien sea a través de la vía formativa, o mediante la experiencia laboral o vías no formales de formación.

- Favorecer, tanto a nivel nacional como europeo, la transparencia del mercado de trabajo.

- Contribuir a la calidad de la oferta de Formación Profesional.

Este libro

El presente libro desarrolla la Unidad Formativa denominada «Sistemas de información y bases de datos en consumo», UF1755.

Dicha unidad formativa está asociada a la Unidad de Competencia UC0246_3, forma parte del Módulo Formativo MF0246_3 «Organización de un sistema de información de consumo» perteneciente a las Cualificaciones Profesionales de referencia: COM087_3, de nivel 3, incluida en el Certificado Profesional denominado «Atención al cliente, consumidor o usuario» y COM313_3, de nivel 3, incluida en el Certificado Profesional «Control y formación en consumo». Ambas se encuentran dentro de la familia profesional Comercio y marketing.

Según el Real Decreto 1522/2011, de 31 de octubre, y el Real Decreto 1694/2011, de 18 de noviembre, los contenidos que en esta obra se recogen se corresponden con una duración de 60 horas.

Tanto la estructura como el desarrollo del libro se ajustan a los citados reales decretos y más concretamente a los contenidos de la Unidad Formativa que le da título «Sistemas de información y bases de datos en consumo», UF1755.

Contenidos

1. Información y fuentes en consumo
   - Tipos de fuentes e información en consumo.
   - Fuentes de información institucional en consumo:
     - Europea.
     - Nacional: el CIDOC (Centro de Información y Documentación en Consumo).
     - Autonómica.
     - Local.
   - Fuentes de información primaria en consumo:
     - Monografías.
     - Informes técnicos.
     - Revistas (publicaciones periódicas o seriadas).
     - Catálogos de productos.
     - Normas.
     - Materiales no convencionales y otros.
     - Encuestas a consumidores.

- Fuentes de información secundaria en consumo:
  - Índices bibliográficos.
  - Índices KWIC/KWOC.
  - Índices de contenidos.
  - Bases de datos (bibliográficas-factuales-documentales).
  - Directorios.
- Soportes de la información:
  - Impresos o escritos.
  - Edición electrónica.
  - Multimedia: información audiovisual.
- Normativa reguladora del tratamiento de la información:
  - Propiedad intelectual.
  - Derechos de autor.
  - Protección de datos.

2. Técnicas de búsqueda de información en consumo
   - Tipos y herramientas de búsqueda de información: sitios web, institucionales, páginas personales, foros y grupos de noticias.
   - Criterios de calidad, vigencia y fiabilidad de la información y sus fuentes.
     - Autoría.
     - Filiación.
     - Actualidad.
     - Propósito.
     - Audiencia.
     - Legibilidad.
   - Análisis comparativo de las fuentes/documentos de información en consumo:
     - Variables de comparativa: precio, soporte, calidad, accesibilidad.
     - Estimación coste-rendimiento.
   - Buscadores de información *online:*
     - Bases de datos.
     - Directorios y bibliotecas virtuales.
     - Motores de búsqueda.
     - Metabuscadores.

3. Técnicas de catalogación y archivo de información y documentación aplicadas a los sistemas de información en consumo
    - Determinación de contenidos y tipo de documentos que archivar: casuística de la información en consumo.
    - Sistemas de registro de la información y documentación en consumo:
        • Conceptos y características.
        • Tipología. Reclamaciones u otra documentación.
        • Flujo documental.
        • Fases: captación, registro, actualización, modificación y consulta.
        • Funciones y servicios que desarrollan.
    - Los archivos físicos e informáticos de la información.
    - Ventajas e inconvenientes del soporte informático, frente a los soportes convencionales.
    - Grabación de archivos en distintos formatos:
        • Textos.
        • Enriquecidos.
        • Web.
        • Imágenes.
        • Sonidos.
        • Vídeos.
    - Codificación de documentos:
        • Clasificación de documentos.
        • Niveles de acceso.
    - Conservación de documentación obsoleta o histórica:
        • Vigencia de la documentación.
        • Destrucción de documentación obsoleta o histórica.
        • Archivo definitivo u otros.
        • Realización de copias de seguridad.
    - Instrumentos de organización de información y documentación en consumo:
        • Manual de archivo y clasificación de documentos.
        • Catalogación e indización de documentos e información.
    - Aspectos legales de la archivística y actualización normativa:
        • Normas en materia de seguridad, integridad y confidencialidad de la información.
        • Protección de datos.

4. Bases de datos y centros documentales en consumo
   - Centros documentales y/o bancos y bases de datos en consumo: el CIDOC.
   - Planificación y diseño de un sistema gestor de base de datos según productos y sectores:
     - Información que incorporar.
     - Estructura de la base de datos: relacionales y documentales.
     - Estructura y nomenclatura de las tablas en función del contenido.
     - Control de redundancia de la información.
     - Determinación de administradores responsables del sistema.
     - Claves y niveles acceso a usuarios.
     - Restricción de datos: niveles de consulta, actualizaciones, generación de informes.
     - Sistemas y controles de seguridad: pérdida, modificación o destrucción fortuita de datos.
   - Operaciones básicas de bases de datos en hojas de cálculo.
     - Apertura, cierre, compactación y reparación de una base de datos.
     - Cifrado y descifrado de una base.
     - Conversión de una base de datos.
     - Ordenación.
     - Filtrado.
     - Validaciones.
     - Formularios.
     - Informes.
     - Subtotales.
     - Consolidaciones e informes de tablas y gráficos dinámicos.
     - Vinculación de hojas de cálculo u otro tipo de tablas con bases de datos.
   - Comandos de las bases de datos.
     - Conceptos generales.
     - Comandos de manipulación y formato.
     - Análisis de datos: auditoría, referencia circular, formato condicional, escenarios, tablas, buscar objetivos, tablas dinámicas u otros.
     - Comandos de utilidad: buscar, reemplazar, proteger, hipervínculo, validación u otros.
   - Métodos de acceso, protección y control de la información por el usuario a través de las bases de datos.

- Aplicación de distintos comandos de las bases de datos.
  - Búsquedas y consultas de información en materia de consumo.
  - Análisis de los resultados de las consultas a bases de datos.
  - Elaboración de informes de la base de datos en consumo.
- Análisis de información y reclamaciones por sectores específicos.
  - Información estadística por tipo de sector y motivo de la reclamación.

■ **Nota del editor**

En Ediciones Paraninfo estamos comprometidos con la calidad de la formación e intentamos que nuestros materiales respondan fielmente y con rigor a las necesidades de todos cuantos confían en nuestro sello editorial.

Tratamos de dar respuesta a los currículos de las unidades formativas y de los módulos que integran los distintos Certificados Profesionales, equilibrando la parte teórica con la práctica para que los procesos de aprendizaje se conviertan en experiencias gratificantes, tanto para docentes como para las personas inmersas en los procesos formativos.

Nuestros objetivos son contribuir de forma decisiva a afianzar aprendizajes, ayudar a adquirir destrezas que tengan significado para el empleo y conseguir potenciar el desarrollo personal.

Para lograrlo contamos con excelentes autores, expertos en las materias que abordan, en la mayoría de los casos docentes de dichas especialidades con dilatada experiencia tanto profesional como académica, porque buscamos perfiles familiarizados con los contextos laborales concretos a los que se refieren nuestros manuales.

Confiamos en poder serte de ayuda y esperamos tus impresiones acerca de nuestro trabajo. Sean positivas o negativas, serán muy bien recibidas y, sin duda, nos ayudarán a seguir mejorando y trabajando con ilusión para continuar siendo un referente en formación para el empleo.

Agradecemos tu confianza en nuestros manuales. Todo nuestro equipo queda a tu total disposición. Puedes contactar con nosotros en esta dirección de correo electrónico:

info@paraninfo.es

1. Información y fuentes en consumo

Contenido

Es importante que el experto en consumo conozca las fuentes a las que puede acudir para obtener una adecuada información, tanto en materia legislativa como en relación con los hábitos de consumo de los ciudadanos.

1.1. Tipos de fuentes e información en consumo

La información y la comunicación son dos figuras diferentes que deben conocerse para ser conscientes de las medidas que deben adoptarse para que las mismas sean exitosas y alcancen sus objetivos. Toda comunicación que se produce entre la entidad y sus clientes ha de estar presidida por el principio de ofrecer el máximo nivel de calidad en la atención al cliente. Cada forma de comunicarse, bien sea interpersonal, telefónica o por escrito, tiene sus reglas propias que corresponde analizar a continuación.

En todo caso, con carácter previo a la exposición de cada una de las formas de comunicación con las que cuenta la empresa, debe indicarse la estructura básica del proceso de comunicación, especialmente en el ámbito comercial.

Las empresas se dirigen a sus clientes para comunicarles los servicios o bienes que están poniendo a su disposición en el mercado, así como para responder a todas las consultas que los mismos puedan realizar.

El esquema básico de una comunicación está formado por una serie de elementos que son los siguientes:

- El emisor, también denominado fuente: es quien emite el mensaje con el propósito de comunicar algo. Puede ser una persona individual, un colectivo de personas o una entidad.

- El mensaje: consiste en la información que se pretende transmitir a los receptores del mismo, debiendo distinguir dentro del mismo la forma y su contenido.

- El destinatario o receptor: que recibe el mismo y lo descodifica, para entender su significado.

- El canal: el elemento de carácter físico que pone en comunicación al emisor y al receptor. Puede ser el aire en el caso de la comunicación cara a cara, la red telefónica, internet, la radio. El aire se considera canal natural, por contraposición a otros artificiales como un folleto comercial, internet o un anuncio en prensa. Los canales de comunicación pueden dar lugar a que se generen «ruidos», así como «redundancias» que producen alteraciones en el proceso de comunicación.

- El código: serie de signos, así como las normas para combinarlos, que permite codificar la información en un mensaje, ser emitido el mismo y, posteriormente, ser descodificado por la persona que lo recibe.

- El contexto o entorno: conjunto de circunstancias de la realidad que afecta tanto al emisor como al receptor cuando están emitiendo y recibiendo el mensaje y que puede tener como consecuencia que el mismo sea malinterpretado y su significado varíe respecto del que estaba previsto en la intención del emisor. Puede referirse a aspectos tanto del contexto lingüístico (mensajes anteriormente emitidos) como al extralingüístico (nivel formativo o de conocimientos de los intervinientes en la conversación). Si estas circunstancias no se tienen en cuenta, pueden producirse distorsiones importantes en el proceso de comunicación.

El esquema más común sobre el proceso de comunicación fue establecido el siglo pasado por Roman Jakobson, reconocido lingüista ruso, y se suele representar de la siguiente forma:

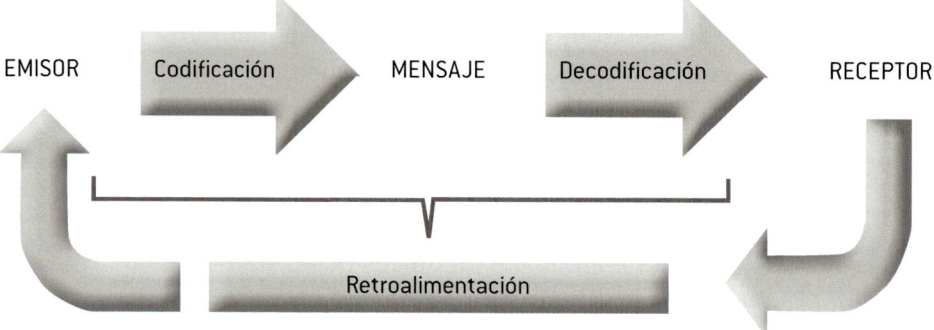

EMISOR Codificación MENSAJE Decodificación RECEPTOR

Retroalimentación

Figura 1.1. El proceso de comunicación.

Para que un proceso de comunicación se desarrolle hace falta que exista un intercambio de información. Si no hay intercambio no hay comunicación, y solo se trataría de transmisión de una información.

El proceso de la comunicación puede incluir algún tipo de obstáculo que dificulte su desarrollo. Estos impedimentos son denominados ruidos o barreras (distintos nombres en función del autor que se considere) en la comunicación. Son muy diferentes las barreras que pueden interferir en el proceso de comunicación. Entre las cuales pueden destacarse estas:

- Tanto el emisor como el receptor tienen intereses diferentes.

- Se emplean palabras con significados diversos que pueden dar lugar a equívocos.

- La estructura del mensaje no resulta de fácil comprensión para el receptor.

- Existen emociones presentes que afectan a la comprensión del mensaje transmitido.

- Emisor y receptor manifiestan intereses diferentes.

En todo caso, se trata de un elemento que genera una confusión y que hace que exista una interferencia en la comunicación. Se habla de ruido interno cuando el receptor no presta la atención suficiente al mensaje que se le está emitiendo y de ruido externo en el caso de que la distorsión del mensaje venga producida por factores ambientales. Un ejemplo sería el de emitir instrucciones sobre cómo realizar una determinada actividad en una forma tal que su ambigüedad da lugar a que se pueda entender en diversos sentidos en función de la persona que esté recibiendo las mismas. Otros factores que producen ruido son las circunstancias personales en las que se encuentren tanto el emisor como el receptor, por ejemplo, la tensión personal que una o las dos personas puedan estar atravesando. Son barreras que distorsionan el mensaje, así como el correspondiente *feedback*.

Las barreras a la comunicación pueden clasificarse de la siguiente forma:

- Semánticas: el receptor no llega a comprender adecuadamente lo que el emisor pretende transmitir, bien porque no conoce el significado de las palabras empleadas o bien porque considera que el significado de dichas palabras es diferente respecto del que realmente poseen o del que le desea atribuir el emisor. Puede darse este supuesto cuando el emisor y el receptor pertenecen a generaciones o ámbitos sociales diferentes o cuentan con niveles de conocimientos técnicos sobre un tema muy alejados el uno del otro.

- Pragmáticas: existe una situación de contradicción entre lo que el emisor pretende emitir y la reacción que provoca en el receptor. Puede producirse por una interpretación equivocada de los mensajes no verbales o por una inadecuada construcción de los mismos por parte del emisor.

- Sintácticas: el receptor del mensaje no capta los mensajes o solo lo hace en un aspecto parcial. Sería el caso de una persona que no conoce adecuadamente un idioma y lee unas instrucciones o una descripción de un producto y es capaz de interpretarlo solo de forma parcial, presuponiendo partes del conjunto del mensaje, que posiblemente no se haga de una manera adecuada.

- Psicológicas: tanto el emisor como el receptor cuentan con un nivel cultural, una personalidad o un sistema de valores diferentes. Pueden generarse por los prejuicios que se pueden albergar sobre distintos temas o colectivos de personas. Frecuentemente se deben a que existen interferencias anímicas entre ambos por vinculaciones personales positivas o negativas, por ejemplo, el rechazo que una persona puede sentir por otra. Igualmente el estado anímico concreto de las personas en el momento de la comunicación influye en la calidad de la comunicación (enfado, aprecio, decepción, ira, etc.) o si se está preocupado por una determinada cuestión y se piensa de forma intensa en un tema en concreto en vez de prestar atención a la conversación que se está manteniendo.

- Culturales: el origen de las personas, bien desde el punto de vista de su país de procedencia, o de la formación recibida tanto en el ámbito académico como en el de la familia. Estas diferencias de partida pueden dar lugar a que ciertos mensajes que en un contexto cultural tienen un significado concreto, en otro puedan contar con otro totalmente diferentes. Un ejemplo sería el de los signos del lenguaje no verbal o las normas de protocolo aplicables a cada país.

- Manipulaciones: el emisor puede elegir las palabras necesarias para que el receptor del mismo entienda algo que pueda alterar su opinión sobre un determinado tema sin que sea evidente tal intención.

- Fisiológicas: se producen cuando la comunicación se ve afectada por circunstancias físicas o psíquicas que se presentan en el emisor o en receptor, por ejemplo, la tartamudez, una voz demasiado baja, problemas de pronunciación o problemas psíquicos.

- Físicas: consisten en los ruidos o interferencias que tienen lugar en el medio en que se produce la comunicación. En función del medio de que se trate, las barreras físicas serán diferentes. Así, en una comunicación personal, el ruido ambiental demasiado alto distorsionaría la comunicación, en una conversación telefónica podría serlo un problema de cobertura en la red.

1.2. Fuentes de información institucional en consumo

La información procedente de los órganos integrantes de las Administraciones públicas es una fuente básica en el momento de analizar tanto desde el punto de vista del conocimiento de la legislación aplicable como de las realidades sociales y económicas que se refieren al fenómeno del consumo.

1.2.1. Europea

La misión del Centro Europeo del Consumidor en España es la de informar, asistir y ofrecer asistencia a los consumidores de la Unión Europea. Sus principales funciones son las siguientes:

- Actuar como mediadores respecto de las reclamaciones y quejas que se produzcan tanto cuando es un consumidor español el que reclama la mala calidad de un producto o servicio prestado por una empresa o profesional radicado en otro país de la Unión Europea como cuando es un consumidor de otro país perteneciente a la Unión Europea el que reclama respecto del producto o servicio que le ha sido vendido u ofrecido por empresas o profesionales españoles.

  En este supuesto, el personal del Centro Europeo del Consumidor procederá a ejercer la labor mediadora entre los consumidores y los vendedores o proveedores de servicios, tanto en lo referido al lenguaje como al aspecto legal, con el objeto de que se obtenga un acuerdo y, en caso contrario, ayudar y asesorar en relación con los Sistemas de Resolución Alternativa de Conflictos Transfronterizos como paso previo al recurso a la vía jurisdiccional.

- Informar acerca de las actuaciones desarrolladas por las instituciones comunitarias en relación con la defensa de los consumidores y usuarios mediante la difusión en boletines, publicaciones y diversos medios de las mismas.

- Ofrecer asesoramiento a los consumidores europeos acerca de la legislación europea en materia de consumo, de forma que los mismos se puedan beneficiar de los derechos derivados de la pertenencia al mercado interior europeo.

Figura 1.2. Centro Europeo del Consumidor. Fuente: CEC.

1.2.2. Nacional: el CIDOC (Centro de Información y Documentación en Consumo)

Integrado en la estructura de la AECOSAN, Agencia Española de Consumo, Seguridad Alimentaria y Nutrición, el CIDOC es el departamento cuyo objetivo es la redacción y difusión de información en materia de consumo tanto a los consumidores como a las asociaciones en las cuales los mismos se agrupan para la defensa de sus intereses.

El CIDOC cuenta con tres áreas fundamentales:

• Jurídica: normas legales y reglamentarias, así como jurisprudencia en materia de consumo.

• Bibliográfica: informes, artículos y publicaciones con los que se cuenta en el CIDOC.

• Catálogo de fuentes de información estadísticas y cualitativas sobre consumo: incluye bases de datos sobre consumo, tanto de origen público como privado, así como nacionales e internacionales.

Las búsquedas también pueden hacer referencia a directorios de organismos relacionados con la defensa de los derechos de los consumidores, tales como oficinas municipales de información al consumidor o asociaciones de consumidores y usuarios.

Figura 1.3. Página principal del CIDOC. Fuente: CIDOC.

1.2.3. Autonómica

Las diversas comunidades autonómicas han desarrollado una serie de organismos públicos cuyo objetivo es informar a los ciudadanos, empresas y asociaciones de consumidores establecidos en su territorio acerca de la normativa aplicable a cada aspecto del consumo, así como asesorar a los interesados en el modo de plantear las reclamaciones correspondientes.

1.2.4. Local

En el ámbito de las entidades locales ha habido un cambio fundamental respecto a la situación vigente anteriormente con la entrada en vigor de la Ley 27/2013, de 27 de diciembre, de Racionalización y Sostenibilidad de la Administración Local, la cual ha reformado al Ley 7/1985, de Bases del Régimen Local (LBRL), en múltiples aspectos las competencias municipales en materia de consumo, se detecta que en la modificación del artículo 25 han desaparecido dichas competencias como propias. Por ello, para la existencia de una oficina municipal de información al consumidor (OMIC) sería preciso una previa delegación de competencias en la materia por la comunidad autónoma y que sea esta quien provea la financiación necesaria para su funcionamiento. Si no se lleva a cabo esta delegación de competencias, los ayuntamientos ya no podrán ejercer competencia en materia de consumo. En el caso de que la comunidad autónoma ejercite la delegación, las funciones que se van a desarrollar por dichas OMIC serán las que se precisen en la disposición o el acuerdo de delegación que, conforme al art. 27 LBRL, debe «determinar el alcance, contenido, condiciones, y duración de esta, así como el control que se reserve la Administración delegante y los medios personales, materiales y económicos que esta transfiera».

En todo caso, y sin perjuicio de lo que cada concreta comunidad autónoma decida en esta materia, las funciones habitualmente desarrolladas por las OMIC son las siguientes:

* Informar y orientar a los consumidores para el correcto ejercicio de sus derechos.

* Recibir, registrar y acusar recibo de denuncias, reclamaciones y solicitudes de arbitraje de los consumidores, y remitirlas a las entidades u órganos correspondientes.

* Servir de vía para la consecución de la mediación voluntaria en conflictos.

* Elevar consulta a los órganos competentes en aquellos asuntos que se consideren de interés o relevancia para los consumidores.

- Suministrar la información requerida por las distintas Administraciones públicas.

- Recibir las peticiones concretas de los ciudadanos, remitiendo las mismas a las autoridades competentes, con la finalidad de modificar ciertos aspectos de los servicios que prestan, o bien establecer otros nuevos si se consideran necesarios.

- Informar a los consumidores y a las organizaciones o asociaciones de estos, acerca del registro y autorización de bienes o servicios, así como de los que se hallen suspendidos, retirados o prohibidos por su riesgo o peligrosidad. Informar acerca de sanciones firmes impuestas por infracciones contra los derechos de los consumidores, así como la regulación de los precios y condiciones de bienes o servicios de uso o consumo común, ordinario y generalizado.

- Realizar campañas informativas destinadas a conseguir un mejor conocimiento por parte de los consumidores en relación con sus derechos y obligaciones, así como desarrollar programas dirigidos a mejorar el nivel de educación específica y formación de los mismos. Para el desarrollo de las campañas y programas podrá contarse con las propuestas y colaboración de las organizaciones o asociaciones de consumidores existentes dentro del ámbito de su actuación.

- Ofrecer apoyo y asistencia a las organizaciones y asociaciones de consumidores. Igualmente, facilitar a los consumidores toda la información necesaria sobre la existencia y actividades de las mismas, potenciando así el asociacionismo.

- Contar con la adecuada documentación técnica y jurídica sobre temas de consumo, así como potenciar su investigación y estudio.

1.3. Fuentes de información primarias en consumo

La información referida a consumo puede ser obtenida desde diversas fuentes, cada una de las mismas tendrá una relevancia especial en función de los objetivos que se deseen alcanzar o de los datos que se necesiten conocer.

1.3.1. Monografías

Las monografías pueden definirse como un documento en el que se recoge información acerca de un determinado tema, procedente de diferentes fuentes y estructurado de forma que exponga la materia correspondiente de manera clara y precisa. La extensión de las mismas no está fijada de antemano, pero se requiere una cierta amplitud para que el aspecto que se va a exponer quede suficientemente desarrollado. La monografía parte de la exposición de una serie de afirmaciones en relación con un tema, que a lo largo de la misma serán desarrolladas y documentadas de forma adecuada.

Debe llegarse a una adecuada combinación entre las aportaciones propias del autor teniendo presente que algunas monografías tienen por objeto recopilar la documentación que exista sobre la materia aportando una opinión propia sobre esta.

En otras monografías se opta por profundizar en una materia que no está suficientemente analizada para exponer las aportaciones propias del autor y completarlas con la bibliografía que el autor considere adecuada sobre la materia.

Aunque la estructura de una monografía no es uniforme y dependerá del tema sobre el que la misma verse, como modelo general puede aportarse la siguiente:

- Introducción: exposición de las razones que llevan al autor a desarrollar el tema en cuestión, hipótesis que el autor sostiene sobre la materia y que a lo largo de la monografía va a desarrollar, así como las principales discrepancias o tesis que los diferentes autores mantienen sobre el tema objeto de la monografía.

- Desarrollo: expone las hipótesis planteadas, explicando los análisis de la cuestión, se indican los datos o hechos en los que se basan las afirmaciones que se exponen. Igualmente se detallan las fuentes de información que se han empleado y los métodos que se han utilizado para obtener las conclusiones que se han planteado.

- Conclusiones: se parte de un resumen de las tesis expuestas, para, posteriormente, plantear las conclusiones que el autor mantiene como consecuencia del análisis previamente realizado de los datos.

Periódicamente se produce la convocatoria de subvenciones por parte de los entes públicos para impulsar la redacción de monografías en materia de consumo que ayuden a los entes públicos y privados, así como a los consumidores, a conocer mejor los diversos aspectos de este campo de la actividad jurídico-económica.

1.3.2. Informes técnicos

Se trata de documentos en los que el autor o autores exponen su opinión acerca de un problema o cuestión determinado. El informe puede referirse a la situación de una determinada realidad o, por otro lado, a la forma en que la legislación regula un aspecto concreto, en este caso, relativo a las materias de consumo.

Los informes técnicos pueden tener su origen en la inspección por parte del autor de unas instalaciones para verificar si unas determinadas instalaciones cumplen con los requerimientos especificados por la legislación en materia de consumo. Del mismo modo, pueden ofrecer una respuesta respecto a la forma más adecuada en la que una actuación debe llevarse a cabo para cumplir con las normas de aplicación.

En otro caso, puede servir como solución ante una demanda de arbitraje planteada por un consumidor.

1.3.3. Revistas (publicaciones periódicas o seriadas)

Existen diversas entidades, tanto públicas como privadas, que publican revistas especializadas en materia de consumo. De entre ellas deben destacarse las editadas por las diversas asociaciones de consumidores existentes, tanto las que se dedican a la defensa en general de los derechos de los consumidores y usuarios como a las centradas en materias tales como los derechos de los usuarios de servicios financieros y bancarios, así como las publicadas por los entes públicos para exponer las novedades existentes en materia de consumo.

En España tienen una especial difusión las revistas publicadas por asociaciones de consumidores en las que se llevan a cabo la comparación de diferentes modelos o marcas de un determinado producto y en las que se muestran las características de cada uno de los productos o servicios analizados con la finalidad de orientar las compras de los lectores, con resultados calificados como compra maestra o compra recomendada. Dichas revistas completan su contenido con análisis jurídicos de asuntos de actualidad en materia de consumo, noticias y comentarios de los lectores.

1.3.4. Catálogos de productos

Las diversas empresas que participan en el mercado publican catálogos en los que se recogen los diversos productos o servicios que las mismas comercializan. Los catálogos, en la actualidad, se plasman muy frecuentemente a través de internet. Un catálogo cumple, fundamentalmente, dos funciones:

- Informativa: en la que se exponen los productos o servicios vendidos o comercializados por la empresa. De cada uno de los mismos se muestran sus características fundamentales, una descripción precisa de su naturaleza y prestaciones y, en su caso, una o más fotografías.

- Representativa: los catálogos también son un elemento para ofrecer una determinada imagen de la empresa, por lo que el diseño del mismo habrá de ser coherente con la que la empresa desea transmitir a su público. Así, por ejemplo, en el caso de una marca que se sitúe en un sector *premium* del mercado, el catálogo habrá de representar esa imagen de producto de élite y distribución selectiva. Por otro lado, una marca dirigida a un público joven y alternativo deberá ofrecer en su catálogo las imágenes que este segmento de mercado espera observar.

En la actualidad, los catálogos en papel han perdido gran parte de su importancia respecto a épocas pasadas en favor de las páginas web, en las que, si bien tienen un coste de creación y mantenimiento, permiten un gran ahorro respecto de la edición física de los catálogos, además de permitir el acceso de cualquier persona interesada desde el lugar en el que se encuentre. En este sentido, la venta por catálogo ha perdido gran importancia en favor de la venta *online*. De hecho, existen muchas empresas que, si bien mantienen ambas líneas comerciales, han potenciado claramente la opción de comercialización *online* como forma de realización de actividades comerciales en las opciones siguientes:

En función de los intervinientes en el comercio electrónico, puede señalarse una serie de categorías:

- B2C (*business to consumer*): de empresa a consumidor final. Los bienes, servicios o información son comercializados directamente desde la empresa hasta el consumidor final. En una situación en la que los consumidores demandan la máxima información acerca de los productos y los precios más competitivos, el B2C permite a las empresas acercar sus productos a los consumidores con mayor facilidad y ahorro de intermediarios.

  Ventajas del B2C:

  - Para los clientes:

    ✓ Rápida obtención de información sobre precios en la red, lo que le permite obtener mejores precios en su proceso de compra.

    ✓ Acceso a empresas alejadas de su lugar de residencia.

    ✓ Obtención de información completa acerca de las características de los productos y servicios ofrecidos por las distintas empresas, lo que le permite comparar la oferta existente en el mercado.

    ✓ Información en tiempo real del estado de compras realizadas, a través de los registros de las páginas de comercio electrónico.

- Para las empresas:
  - ✓ Posibilidad de expandir el mercado mucho más lejos del ámbito geográfico más cercano de la empresa.
  - ✓ Reducción en los costes de comercialización.
  - ✓ Creación de un nuevo canal de venta de productos.

- **B2B** (*business to business*): de empresa a empresa. Intercambios comerciales entre empresas. Esta forma de comercio permite a la empresa la realización de transacciones entre empresas y a la gestión de los sistemas de suministro de materias primas a través de internet. Los sistemas B2B permiten a la empresa reducir los costes de funcionamiento. Las aplicaciones informáticas permiten a la empresa realizar seguimiento en tiempo real de los pedidos y de los suministros. Igualmente reduce el tiempo requerido para llevar a cabo las operaciones de compraventa, aprovechando las potencialidades de las herramientas informáticas.

  Ventajas del B2B:

  - Para las empresas:
    - ✓ Se planifican más adecuadamente las operaciones de aprovisionamiento, permitiendo el acceso a proveedores de áreas geográficas a las que previamente no se podía llegar por parte de la empresa, con el consecuente logro de unas mejores condiciones económicas y de productos de calidad superior para ser incorporados a la cadena de producción.
    - ✓ Se reduce el tiempo preciso para la obtención de materias primas.
    - ✓ Los procesos de fabricación reducen sus ciclos.
    - ✓ Puede operarse con inventarios más reducidos.
    - ✓ Mejora la integración de los distintos sistemas de la empresa.

  - Para los clientes.
    - ✓ Mejora de la imagen de la empresa respecto a la competencia.
    - ✓ Servicio al cliente más eficaz.
    - ✓ Mejora la comunicación entre clientes y proveedores.

- **B2A** (*business to administration*): empresas con las Administraciones públicas. Hace referencia a las relaciones que mantienen entre sí las empresas y las Administraciones públicas. Mediante las soluciones B2A se obtiene una gran agilización de los trámites, toda vez que las gestiones en materias tales como el pago de tributos, de seguros sociales, la solicitud de autorizaciones administrativas o cualquier otro trámite.

1.3.5. Normas

El artículo 51 de la Constitución de 1978 señala que:

Los poderes públicos garantizarán la defensa de los consumidores y usuarios, protegiendo, mediante procedimientos eficaces, la seguridad, la salud y los legítimos intereses económicos de los mismos.

Los poderes públicos promoverán la información y la educación de los consumidores y usuarios, fomentarán sus organizaciones y oirán a estas en las cuestiones que puedan afectar a aquellos, en los términos que la ley establezca.

Siguiendo el mandato constitucional contenido en el artículo 51.2 de la misma, los poderes públicos han desarrollado normas en fomento del asociacionismo en materia de consumidores y usuarios, siendo la principal de ellas el Real Decreto Legislativo 1/2007 por el que se aprueba el texto refundido de la Ley General para la Defensa de los Consumidores y Usuarios (LGDCU) y otras leyes complementarias.

Las diferentes comunidades autónomas han asumido la competencia correspondiente a desarrollo legislativo y ejecución en materia de defensa del consumidor. A las comunidades, por tanto, les está atribuido garantizar el ejercicio de los derechos de los consumidores y usuarios reconocidos en su propia legislación más los establecidos en la legislación de ámbito estatal siempre en el ámbito de su competencia y sin perjuicio de la legislación estatal sobre política general de precios y defensa de la competencia.

Las comunidades autónomas han desarrollado una legislación propia en esta materia, que, por extensión, no es posible abordar en esta obra con detalle.

Complementariamente a las normas básicas promulgadas en materia de consumo, las comunidades autónomas han dictado leyes de desarrollo en materias tales como comercio interior, consejos de consumidores y otras materias de interés dentro de este ámbito.

En desarrollo de estos preceptos, las comunidades cuentan con sus propios órganos administrativos en materia de consumo, cuyas competencias se extienden a aspectos tales como la protección de la seguridad y salud de los consumidores, protección de los legítimos intereses económicos de los consumidores e información sobre los diferentes bienes, productos y servicios, reparación e indemnización de los daños y perjuicios sufridos por los consumidores, formación, educación y divulgación en materia de derechos de los consumidores, audiencia, consulta y representación de los consumidores, control y vigilancia de los productos, bienes y servicios, medidas administrativas de corrección del mercado, régimen y procedimiento sancionador.

1.3.6. Materiales no convencionales y otros

Además de lo indicado hasta el momento, existe otra serie de fuentes de comunicación en materia de consumo cuyo objetivo es informar a la población en general de sus derechos en este ámbito. En este sentido, deben destacarse las campañas institucionales desarrolladas por las entidades públicas a través de los diversos medios de comunicación existentes. Dichas campañas se producen, en ocasiones, para conmemorar fechas especiales en materia de consumo y, en otros casos, para dar a conocer nuevas normas aplicables a los consumidores o aconsejar conductas más adecuadas para los usuarios o consumidores.

1.3.7. Encuestas a consumidores

Para conocer al cliente existe una serie de métodos, entre los que cabe destacar los siguientes:

- Encuestas: a través de cuestionarios puede llegarse a conocer la satisfacción del cliente con el servicio en su conjunto (entidad bancaria en la que tiene domiciliada su nómina y tiene contratada una serie de servicios) o bien respecto a cada uno de los mismos (amabilidad del personal, rapidez en la atención, comisiones percibidas, variedad de productos). Las formas de realizar las encuestas pueden ser tanto personalmente como a través del teléfono, carta o correo electrónico.

  Los cuestionarios cuentan con la limitación de que, al ser un listado cerrado de preguntas, no se adaptan a las respuestas del cliente, impidiendo que haya preguntas que amplíen aspectos especialmente interesantes de sus respuestas. Las entrevistas personales, bien en la propia oficina o por vía telefónica, dan la posibilidad de que el encuestador profundice en las respuestas más significativas o que el cliente aborde temas no incluidos en el cuestionario inicialmente planteado. Son usadas frecuentemente cuando hay un amplio número de clientes y se necesitan obtener datos estadísticos representativos.

- Las entrevistas (bien individuales o de grupo): tal como se indicó previamente, este sistema para obtener información es mucho más eficaz a la hora de conseguir informaciones relevantes para la entidad. Existe la opción de realizarlas de forma individual (lo cual es lo más frecuente) o bien en grupo, supuesto en el que una o más personas entrevistas a un panel de clientes. La información obtenida tiene una mayor aplicación práctica y es mucho más concreta que la mera cumplimentación de un cuestionario. Al tener la posibilidad de poder solicitar nueva información, así como ampliación de sus respuestas a los entrevistados, los datos obtenidos tienen mucho más interés para la empresa. Como es obvio, el inconveniente de este método es el mayor coste que implica su puesta en práctica.

- Las reclamaciones de clientes: las reclamaciones formalmente presentadas por los clientes permiten que la empresa tenga constancia de las áreas de mejora. La empresa debe implementar un sistema que garantice la rápida comunicación de todas las reclamaciones recibidas de forma que los órganos con capacidad para tomar decisiones de mejora de los procesos y servicios tengan constancia de las mismas en el más breve periodo de tiempo. Igualmente, el sistema debe garantizar que ninguna reclamación quede sin ser tramitada, con independencia de la unidad de la empresa en la que hay sido presentada.

- El personal de contacto de la empresa: los trabajadores de la empresa que se encuentran en contacto con el público son una fuente muy importante de información para la misma toda vez que reciben la información de los clientes acerca de los servicios que entienden que deben ser mejorados, así como de necesidades que no se encuentran adecuadamente cubiertas por la entidad. Debe tenerse presente que en muchas ocasiones, los clientes no se deciden a formalizar las reclamaciones, por lo que estos comentarios tienen un especial interés para detectar deficiencias que pueden no ser, consideradas de forma individual, de gran importancia, pero sin duda que en conjunto pueden disminuir la fidelidad del cliente hacia la empresa o, respecto de nuevos clientes, pueden impedir atraerlos a la entidad.

Es necesario que se establezca algún sistema eficaz de recogida de la información de modo que los trabajadores puedan captar y transmitir la misma hacia los órganos competentes por razón de la materia, puede establecerse, por ejemplo, una aplicación en la intranet empresarial o prepararse un formulario en papel. La opinión de los propios empleados es básica a la hora de emitir sugerencias, pues pueden detectar aspectos que necesitan ser mejorados y que tal vez no hayan dado aún lugar a la presentación de reclamaciones ni quejas por parte de los clientes.

1.4. Fuentes de información secundarias en consumo

Existe una serie de fuentes de información secundarias en materia de consumo que han de ser conocidas para así poder obtener una serie de datos relevantes en tal área. Las fuentes de información secundarias están constituidas por datos que han sido previamente recopilados en otras fuentes y por otros autores. Las principales se recogen en los epígrafes siguientes.

1.4.1. Índices bibliográficos

Los índices bibliográficos representan una importante fuente de información para el investigador en materia de consumo, dado que ofrece un listado de libros o artículos técnicos en los que se abordan las diferentes materias que integran la actividad de consumo.

Los índices ordenan las referencias obtenidas en base a diferentes criterios como son los siguientes:

- Tipo de publicación: libros, monografías, informes, artículos o revistas.

- Tema sobre el que versan: legislación, comparativas de productos o servicios o análisis de la situación de un sector del mercado, entre otras posibilidades.

La limitación de un índice bibliográfico es que en el mismo aparecen listadas las publicaciones correspondientes, pero no si las mismas se encuentran o no vigentes o la extensión o profundidad de estas.

El análisis de los resultados obtenidos se facilita en el caso de que la base de datos se halle enlazada con el correspondiente documento, de forma que el investigador pueda acceder al documento desde el enlace que aparece en el índice bibliográfico. En este caso, debe tenerse presente la existencia de derechos de autor que pueden limitar esta funcionalidad.

1.4.2. Índices KWIC/KWOC

Se trata de índices permutados, dado que existe una permutación de las palabras clave, a partir del documento sobre el que se efectúa la indexación.

Se hallan ordenados alfabéticamente de temas estructurados en torno a palabras relevantes, igualmente denominadas palabras clave, de los títulos de los documentos que se encuentran listados en el índice bibliográfico. Cada uno de los títulos de los documentos existentes se hallará listado en tantas ocasiones como palabras clave existan. Son organizados de acuerdo a un lenguaje natural, no de tipo documental, sin verse sometidos a procedimientos de normalización, lo que puede restar precisión a sus resultados.

Los dos tipos de índices permutados más relevantes son los siguientes:

- KWIC (*Key Word in Context*): el índice KWIC se encuentra constituido por la clasificación de las palabras clave dentro de un artículo para permitir que la misma sea consultada de forma alfabética en el índice. Se trata de un método de búsqueda de términos tradicionalmente empleado en manuales técnicos.

Un ejemplo, referido a la palabra «consumo», podría ofrecer los siguientes resultados:

- El **consumo** de acero se ha incrementado en...

- Los centros de información sobre el **consumo** se han establecido en las principales ciudades de...

- Las tiendas detectan un menor **consumo** de productos de lujo...

- ...aunque se espera un gran **consumo** de naranjas en el próximo mes.

- ...por lo que el **consumo** de gasolina se ha estabilizado en Madrid.

- KWOC (*Key Word out of Context*): es distinto del índice KWIC en el modo en el que se presentan los resultados. Cada una de las palabras clave buscadas se adelantan a las frases en las que aparecen y se exponen de forma alfabética. Un ejemplo, referido igualmente a la palabra «consumo», ofrecería estos resultados:

Consumo:

- Almacenes de productos de consumo.

- Incremento del consumo.

- Oficinas de asesoramiento en materia de consumo.

- Tiendas de gran consumo.

1.4.3. Índices de contenidos

Los índices de contenidos representan una ayuda muy importante para la localización de información acerca de cualquier materia referida, en este caso, al consumo. Este tipo de índice admite dos variables, en función de que en el mismo se encuentren resúmenes o no de los textos a que hacen referencia.

Un ejemplo es el del índice resumen de una revista en materia de consumo en la que se enumeran los artículos que la integran, bien con un breve resumen de cada uno de los artículos o son resúmenes de los mismos. .

1.4.4. Bases de datos (bibliográficas-factuales-documentales)

Los programas más empleados para crear bases de datos en las pequeñas empresas son Microsoft Access y OpenOffice Calc. En grandes organizaciones, cabe destacar Oracle Database.

Las bases de datos son conjuntos de datos que se encuentran interrelacionados entre sí y que se almacenan de forma conjunta y permiten que esos datos sean empleados por las citadas bases de un modo sencillo y sin duplicar un gran volumen de información de acuerdo a un lenguaje denominado SQL (*Structured Query Language*).

Los elementos fundamentales de una base de datos son los siguientes:

- Tabla: es un elemento de almacenamiento integrante de una base de datos. Su estructura es de cuadrante en la que se almacena una serie de filas de datos, cada tabla, dentro de la base de datos, se denomina con un nombre único.

- Registro: es cada una de las filas que se encuentra en una tabla y que está formada por campos.

- Campo: cada una de las celdas en las que se recogen los datos. Cada campo tiene una naturaleza determinada, números, texto, hipervínculos, imágenes, etcétera.

Las bases de datos se dividen en tres tipos en función de su naturaleza:

- Bibliográficas: como se hizo referencia previamente, se trata de bases de datos en las que aparecen recogidos los datos sobre publicaciones de todo tipo en donde se analizan temas en materia de consumo.

- Factuales: recogen datos concretos sobre consumo procedentes de datos como encuestas, estadísticas públicas o estudios privados. Dichos datos concretos sirven como base para realizar con posterioridad análisis que permitan la adopción de medidas que den la solución de determinadas cuestiones en el campo del consumo, por ejemplo, respecto a la evolución del consumo de una serie de productos, el número de reclamaciones presentadas ante los organismos oficiales, etcétera.

- Documentales: en las mismas se reúnen documentos de muy diferentes tipos. Desde documentos de texto hasta otros como libros, fotografías, vídeos, folletos y publicaciones de todo tipo.

Si bien existen bases de datos privadas en el área de consumo, siendo especialmente destacadas las creadas por las asociaciones de consumidores y usuarios, las principales bases de datos en este ámbito pertenecen a las distintas Administraciones públicas.

Muchas de dichas bases de datos son accesibles en la actualidad para cualquier interesado a través de internet.

1.4.5. Directorios

Los directorios en materia de consumo representan listados de organismos o entidades que tienen competencias o desarrollan actividades en este campo. Su objetivo es informar a todas las personas o entidades interesadas en la materia acerca de las entidades públicas y privadas a las que poder acudir en caso de que se estime necesario para realizar trámites administrativos, estudiar documentación o realizar consultas.

1.5. Soportes de la información

En la actualidad, los soportes en los que se puede hallar contenida la información han evolucionado de forma paralela al desarrollo de la tecnología, por lo que se cuenta con una multiplicidad de formas en las que puede plasmarse la información.

1.5.1. Impresos o escritos

La documentación mantenida en formato papel ha sido, hasta hace muy pocos años, el método fundamental y casi único de conservación de la información. El avance de la tecnología ha traído consigo una reducción significativa de su importancia.

Las principales limitaciones de este formato derivan del espacio que ocupa, que obliga a disponer de superficies especialmente habilitadas para esta función en lo que respecta a temperatura, humedad, medidas contraincendios, etcétera.

Adicionalmente, el hecho de que la información se encuentre en este formato, hace que su consulta resulte más dificultosa, toda vez que ha de acudirse al lugar en el que la misma se encuentra, y, bien de forma autónoma o asistido por un trabajador, acceder a esta para consultar los datos que resulten de interés.

Otra dificultad derivada del tipo de formato es que la manipulación de los documentos originales, bien sea para consulta o para reproducción, supone un riesgo de deterioro de dicha documentación.

Finalmente, la consulta del contenido de los correspondientes documentos requiere un esfuerzo adicional de análisis, dado que, aunque de los mismos exista un índice, no se puede realizar la lectura completa de los mismos en búsqueda de un término o concepto de forma automatizada, con lo que supone un tiempo consumido por parte de la persona interesada.

1.5.2. Edición electrónica

La moderna tecnología ha facilitado en gran medida el almacenamiento y consulta de documentación, en tanto en cuanto se permite el tratamiento digital de los mismos y se facilita el almacenamiento del mismo sin limitaciones de espacio físico. El rápido avance de los sistemas de almacenamiento informáticos consigue que una cantidad ingente de documentación se pueda conservar en dispositivos de muy reducido tamaño y con un coste cada vez menor de fabricación.

Las ventajas que aporta la edición electrónica de los documentos es la siguiente:

- Facilidad de consulta, pudiendo buscar documentos que contengan determinados términos o traten sobre cuestiones concretas.

- La reproducción ilimitada de los documentos sin que se cause daño al original.

- La rapidez en la consulta de los datos que se desean conocer.

- El acceso a la documentación sin necesidad de desplazarse al archivo en que se encuentra físicamente almacenada.

- Posibilidad de realizar la consulta que se desee desde cualquier punto conectado a la base de datos, bien desde la sede del organismo o a través de internet.

Los formatos de documentos de texto más habituales son los siguientes:

- ODT: *open document text*, propio del procesador de texto gratuito OpenOffice Writer, la alternativa gratuita a Microsoft Word.

- DOC: formato propio de Microsoft Word en las versiones anteriores a la 2007.

- DOCX: formato estándar de Microsoft Word desde la versión 2007.

- PDF: formato desarrollado por la empresa Adobe, especialmente valorado por la protección del documento original respecto al formato con el que está creado y a la información que el mismo contiene.

- RTF: formato de texto enriquecido, creado por Microsoft, se diferencia de Microsoft Word fundamentalmente en su menor versatilidad y su limitación en lo que respecta a los estilos existentes.

El paquete de programas ofimáticos incluye una serie de aplicaciones dedicadas a aspectos concretos del mismo. Las dos *suites* más empleadas son Microsoft Office y OpenOffice.

MICROSOFT OFFICE:

Es la aplicación ofimática más empleada, desarrollada por Microsoft Corporation, se comercializa en una diversidad de opciones, cada una de ellas compuesta por una serie de programas diferente, por lo que corresponde al emprendedor decidir el que más se ajusta a sus necesidades y adquirirla, de forma que no se empleen recursos monetarios en aplicaciones que no vayan a ser posteriormente utilizadas.

Las principales aplicaciones que integran Microsoft Office son las siguientes:

Word	Word es un *software* que permite crear documentos en un equipo. Se puede usar Word para crear textos con una buena apariencia mediante fotografías o ilustraciones multicolores como imágenes o como fondo, y agregar figuras como mapas y tablas.
Excel	Excel es un *software* que permite crear tablas, y calcular y analizar datos. Este tipo de *software* se denomina *software* de hoja de cálculo. Excel permite crear tablas que calculan de forma automática los totales de los valores numéricos que especifica, imprimir tablas con diseños cuidados, y crear gráficos simples.
PowerPoint	PowerPoint es un *software* que permite crear presentaciones que se pueden utilizar en un proyector. Al usar PowerPoint, se pueden crear pantallas que incorporan efectivamente texto y fotos, ilustraciones, dibujos, tablas, gráficos y películas, y pasar de una diapositiva a otra como en una presentación con diapositivas.
Outlook	Outlook es un *software* que permite enviar, recibir y administrar el correo electrónico, así como administrar el calendario y los contactos, personales o empresariales. Además, posibilita compartir el calendario personal con otras personas a través de internet.
OneNote	OneNote es un bloc de notas digital que ofrece un único lugar en donde puede reunir todas sus notas e información, incorporando funciones de búsqueda, así como un bloc de notas que le permiten administrar la información y trabajar en equipo.
Access	Access es una aplicación para crear bases de datos de escritorio que permiten gestionar la información relativa a aspectos tales como inventarios, clientes o trabajadores. Los datos se almacenan automáticamente en una base de datos SQL.

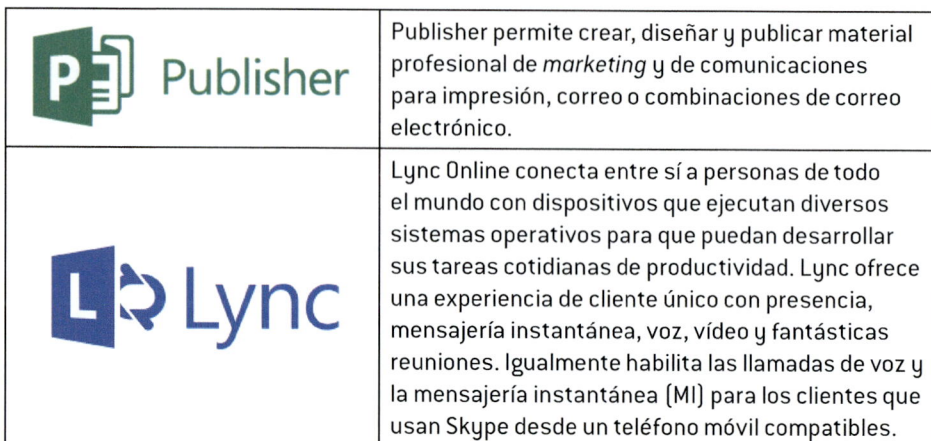

Publisher	Publisher permite crear, diseñar y publicar material profesional de *marketing* y de comunicaciones para impresión, correo o combinaciones de correo electrónico.
Lync	Lync Online conecta entre sí a personas de todo el mundo con dispositivos que ejecutan diversos sistemas operativos para que puedan desarrollar sus tareas cotidianas de productividad. Lync ofrece una experiencia de cliente único con presencia, mensajería instantánea, voz, vídeo y fantásticas reuniones. Igualmente habilita las llamadas de voz y la mensajería instantánea (MI) para los clientes que usan Skype desde un teléfono móvil compatibles.

Con el sistema Office 365, al empresario le es posible desarrollar su labor y trabajar desde cualquier parte con sus aplicaciones comerciales: Word, PowerPoint, Excel, Outlook, OneNote y Publisher. Al poder disponer de los documentos con esa facilidad, la productividad puede incrementarse, pudiendo acceder mediante el sistema de almacenamiento en la nube OneDrive. Ello, además de permitir el acceso desde dispositivos portátiles a los documentos, facilita el trabajo colaborativo entre diversos integrantes de un mismo equipo.

OPENOFFICE:

Es una *suite* de oficina basada en el sistema de código abierto (*open source*), en que se incluyen aplicaciones para el proceso de texto, hojas de cálculo, realización de presentaciones, elaboración de dibujos y fórmulas. Se puede emplear con diversos sistemas operativos, siendo además compatible con los archivos creados con otras *suites* ofimáticas como es el caso de Microsoft Office, pudiendo ser descargado y usado gratuitamente tanto para el uso personal como el empresarial, pudiendo ser instalado en un número ilimitado de equipos informáticos sin necesidad de abonar ningún tipo de licencia. Al tratarse de un programa realizado en código abierto, existe una importante comunidad detrás del mismo que colabora en su desarrollo.

Se trata de una *suite* que incluye todos los programas en una única versión, sin ser preciso tener que optar por instalar una u otra versión de la misma.

La gran ventaja de este programa es su combinación de gratuidad y compatibilidad, siendo una aplicación que almacena los datos en el formato aprobado por la Norma ISO/IEC 26300:2006 Open Document Format for Office Applications (OpenDocument) v1.0.

ADOBE PDF:

El formato de archivo PDF (formato de documento portátil) se emplea para el intercambio y la presentación de documentos en un modo confiable y seguro, con independencia del *software*, *hardware* o sistema operativo que los usuarios se hallen utilizando. Los archivos PDF pueden incluir tanto campos de formulario como vínculos, botones o elementos de audio o vídeo, pudiendo ser firmados de forma electrónica.

1.5.3. Multimedia: información audiovisual

La información audiovisual, conservada tanto en formatos de imagen como de vídeos es una fuente fundamental de información en la actualidad, para guardar testimonios en una forma que previamente era muy limitada en cuanto a su utilización.

Los principales formatos de archivos de vídeo son los siguientes:

- AVI : se trata del formato más empleado en el ámbito del vídeo digital. Se trata de archivos de gran tamaño, por lo que no son recomendables para su uso en internet, por contraste, la calidad de imagen puede alcanzar grandes niveles. Pueden ser comprimidos a través de diversos códecs, siendo los dos más empleados XviD y DivX.

- MOV: es el formato de audio y vídeo empleado por Apple, utilizando códecs propios. Se aconseja la reproducción de los mismos mediante el programa QuickTime.

- WMV: formato desarrollado por Microsoft, emplea el códec MPEG para la comprensión del vídeo.

- RM: creada por Real Networks, igualmente cuenta con un códec propio para comprimir el vídeo. Su visualizador propio se denomina Real Player.

- MP4: es un formato de vídeo igualmente empleado con mucha asiduidad.

Los formatos de audio más utilizados son los siguientes:

- MP3: es muy empleado para la publicación de audio en internet. Es posible reproducir el sonido a través de una amplia serie de programas. Permite la compresión del sonido con una mínima pérdida de calidad del mismo.

- WAV: formato desarrollado por Microsoft que mantiene una gran calidad de audio, pero a cambio de mantener un tamaño de archivo elevado, por lo que no es recomendado para archivos de cierta duración.

Los formatos de imagen que se emplean con mayor frecuencia son estos:

- JPG - JPEG: es el formato más empleado para publicar imágenes en internet, pudiendo dar lugar a la pérdida de calidad en la imagen en el caso de que exista una excesiva compresión de la misma.

- BMP: mantiene una elevada calidad de imagen, sin embargo, su tamaño es muy elevado. Mismas características que cabe señalar de los archivos TIF.

- GIF: con una muy reducida variedad de colores, ofrece una compresión muy elevada del archivo, a costa de limitar significativamente su calidad.

- RAW: es un formato que conserva la integridad de los datos de la imagen en el mismo modo en que fue capturado por la cámara digital. Con carácter general, no incorpora compresión. Cada fabricante de cámaras cuenta con un estándar propio.

1.6. Normativa reguladora del tratamiento de la información

El tratamiento de la información es una de las materias más reguladas en temas de consumo, de forma que la normativa sobre esta regula detalladamente los derechos que la normativa otorga a los ciudadanos y las cautelas que los organismos públicos y empresas privadas han de tener presentes en esta materia.

1.6.1. Propiedad intelectual

La propiedad intelectual de una obra literaria, artística o científica corresponde al autor por el solo hecho de su creación.

CONTENIDO

La propiedad intelectual está integrada por derechos de carácter personal y patrimonial, que atribuyen al autor la plena disposición y el derecho exclusivo a la explotación de la obra, sin más limitaciones que las establecidas en la ley.

CARACTERÍSTICAS

Los derechos de autor son independientes, compatibles y acumulables con:

- La propiedad y otros derechos que tengan por objeto la cosa material a la que está incorporada la creación intelectual.

- Los derechos de propiedad industrial que puedan existir sobre la obra.

- Los otros derechos de propiedad intelectual reconocidos en la legislación.

DIVULGACIÓN Y PUBLICACIÓN

Se entiende por divulgación de una obra toda expresión de la misma que, con el consentimiento del autor, la haga accesible por primera vez al público en cualquier forma; y por publicación, la divulgación que se realice mediante la puesta a disposición del público de un número de ejemplares de la obra que satisfaga razonablemente sus necesidades estimadas de acuerdo con la naturaleza y finalidad de la misma.

AUTORES Y OTROS BENEFICIARIOS

Se considera autor a la persona natural que crea alguna obra literaria artística o científica. No obstante de la protección que se concede legalmente al autor, se podrán beneficiar personas jurídicas en los casos expresamente previstos en las leyes.

PRESUNCIÓN DE AUTORÍA, OBRAS ANÓNIMAS O SEUDÓNIMAS

Se presumirá autor, salvo prueba en contrario, a quien aparezca como tal en la obra, mediante su nombre, firma o signo que lo identifique.

Cuando la obra se divulgue en forma anónima o bajo seudónimo o signo, el ejercicio de los derechos de propiedad intelectual corresponderá a la persona natural o jurídica que la saque a la luz con el consentimiento del autor, mientras este no revele su identidad.

OBRA EN COLABORACIÓN

Los derechos sobre una obra que sea resultado unitario de la colaboración de varios autores corresponden a todos ellos.

Para divulgar y modificar la obra se requiere el consentimiento de todos los coautores. En defecto de acuerdo, el juez resolverá.

Una vez divulgada la obra, ningún coautor puede rehusar injustificadamente su consentimiento para su explotación en la forma en que se divulgó.

A reserva de lo pactado entre los coautores de la obra en colaboración, estos podrán explotar separadamente sus aportaciones, salvo que causen perjuicio a la explotación común.

Los derechos de propiedad intelectual sobre una obra en colaboración corresponden a todos los autores en la proporción que ellos determinen. En lo no previsto en la Ley de Propiedad Intelectual, se aplicarán a estas obras las reglas establecidas en el **Código Civil** para la comunidad de bienes.

OBRA COLECTIVA

Se considera obra colectiva la creada por la iniciativa y bajo la coordinación de una persona natural o jurídica que la edita y divulga bajo su nombre y está constituida por la reunión de aportaciones de diferentes autores cuya contribución personal se funde en una creación única y autónoma, para la cual haya sido concebida sin que sea posible atribuir separadamente a cualquiera de ellos un derecho sobre el conjunto de la obra realizada.

Salvo pacto en contrario, los derechos sobre la obra colectiva corresponderán a la persona que la edite y divulgue bajo su nombre.

OBRA COMPUESTA E INDEPENDIENTE

Se considerará obra compuesta la obra nueva que incorpore una obra preexistente sin la colaboración del autor de esta última, sin perjuicio de los derechos que a este correspondan y de su necesaria autorización.

La obra que constituya creación autónoma se considerará independiente, aunque se publique conjuntamente con otras.

OBJETO

Obras y títulos originales

Son objeto de propiedad intelectual todas las creaciones originales literarias, artísticas o científicas expresadas por cualquier medio o soporte, tangible o intangible, actualmente conocido o que se invente en el futuro, comprendiéndose entre ellas:

- Los libros, folletos, impresos, epistolarios, escritos, discursos y alocuciones, conferencias, informes forenses, explicaciones de cátedra y cualesquiera otras obras de la misma naturaleza.
- Las composiciones musicales, con o sin letra.
- Las obras dramáticas y dramático-musicales, las coreografías, las pantomimas y, en general, las obras teatrales.
- Las obras cinematográficas y cualesquiera otras obras audiovisuales.
- Las esculturas y las obras de pintura, dibujo, grabado, litografía y las historietas gráficas, tebeos o cómics, así como sus ensayos o bocetos y las demás obras plásticas, sean o no aplicadas.
- Los proyectos, planos, maquetas y diseños de obras arquitectónicas y de ingeniería.

- Los gráficos, mapas y diseños relativos a la topografía, la geografía y, en general, a la ciencia.
- Las obras fotográficas y las expresadas por procedimiento análogo a la fotografía.
- Los programas de ordenador.

El título de una obra, cuando sea original, quedará protegido como parte de ella.

Obras derivadas

Sin perjuicio de los derechos de autor sobre la obra original, también son objeto de propiedad intelectual:

- Las traducciones y adaptaciones.
- Las revisiones, actualizaciones y anotaciones.
- Los compendios, resúmenes y extractos.
- Los arreglos musicales.
- Cualesquiera transformaciones de una obra literaria, artística o científica.

Colecciones. Bases de datos

También son objeto de propiedad intelectual las colecciones de obras ajenas, de datos o de otros elementos independientes como las antologías y las bases de datos que por la selección o disposición de sus contenidos constituyan creaciones intelectuales, sin perjuicio, en su caso, de los derechos que pudieran subsistir sobre dichos contenidos.

La protección reconocida en el presente artículo a estas colecciones se refiere únicamente a su estructura en cuanto a forma de expresión de la selección o disposición de sus contenidos, no siendo extensiva a estos.

Se consideran bases de datos las colecciones de obras, de datos, o de otros elementos independientes dispuestos de manera sistemática o metódica y accesible individualmente por medios electrónicos o de otra forma.

La protección reconocida a las bases de datos en virtud del presente artículo no se aplicará a los programas de ordenador utilizados en la fabricación o en el funcionamiento de bases de datos accesibles por medios electrónicos.

Exclusiones

No son objeto de propiedad intelectual las disposiciones legales o reglamentarias y sus correspondientes proyectos, las resoluciones de los órganos jurisdiccionales y los actos, acuerdos, deliberaciones y dictámenes de los organismos públicos, así como las traducciones oficiales de todos los textos anteriores.

1.6.2. Derechos de autor

DERECHO MORAL

Contenido y características del derecho moral

Corresponden al autor los siguientes derechos irrenunciables e inalienables:

- Decidir si su obra ha de ser divulgada y en qué forma.

- Determinar si tal divulgación ha de hacerse con su nombre, bajo seudónimo o signo, o anónimamente.

- Exigir el reconocimiento de su condición de autor de la obra.

- Exigir el respeto a la integridad de la obra e impedir cualquier deformación, modificación, alteración o atentado contra ella que suponga perjuicio a sus legítimos intereses o menoscabo a su reputación.

- Modificar la obra respetando los derechos adquiridos por terceros y las exigencias de protección de bienes de interés cultural.

- Retirar la obra del comercio, por cambio de sus convicciones intelectuales o morales, previa indemnización de daños y perjuicios a los titulares de derechos de explotación.

Si, posteriormente, el autor decide reemprender la explotación de su obra deberá ofrecer preferentemente los correspondientes derechos al anterior titular de los mismos y en condiciones razonablemente similares a las originarias.

- Acceder al ejemplar único o raro de la obra cuando se halle en poder de otro, a fin de ejercitar el derecho de divulgación o cualquier otro que le corresponda.

Este derecho no permitirá exigir el desplazamiento de la obra y el acceso a la misma se llevará a efecto en el lugar y forma que ocasionen menos incomodidades al poseedor, al que se indemnizará, en su caso, por los daños y perjuicios que se le irroguen.

Supuestos de legitimación «mortis causa»

Al fallecimiento del autor, el ejercicio de los derechos mencionados en los apartados 3.º y 4.º del apartado anterior corresponde, sin límite de tiempo, a la persona natural o jurídica a la que el autor se lo haya confiado expresamente por disposición de última voluntad. En su defecto, el ejercicio de estos derechos corresponderá a los herederos.

Sustitución en la legitimación «mortis causa»

Siempre que no existan las personas mencionadas en el artículo anterior, o se ignore su paradero, el Estado, las comunidades autónomas, las corporaciones locales y las instituciones públicas de carácter cultural estarán legitimados para ejercer los derechos previstos en el mismo.

DERECHOS DE EXPLOTACIÓN

Derecho exclusivo de explotación y sus modalidades

Corresponde al autor el ejercicio exclusivo de los derechos de explotación de su obra en cualquier forma y, en especial, los derechos de reproducción, distribución, comunicación pública y transformación, que no podrán ser realizados sin su autorización, salvo en los casos previstos en la legislación.

Reproducción

Se entiende por reproducción la fijación directa o indirecta, provisional o permanente, por cualquier medio y en cualquier forma, de toda la obra o de parte de ella, que permita su comunicación o la obtención de copias.

Distribución

Se entiende por distribución la puesta a disposición del público del original o de las copias de la obra, en un soporte tangible, mediante su venta, alquiler, préstamo o de cualquier otra forma.

Cuando la distribución se efectúe mediante venta u otro título de transmisión de la propiedad, en el ámbito de la Unión Europea, por el propio titular del derecho o con su consentimiento, este derecho se agotará con la primera, si bien solo para las ventas y transmisiones de propiedad sucesivas que se realicen en dicho ámbito territorial.

Se entiende por alquiler la puesta a disposición de los originales y copias de una obra para su uso por tiempo limitado y con un beneficio económico o comercial directo o indirecto.

Quedan excluidas del concepto de alquiler la puesta a disposición con fines de exposición, de comunicación pública a partir de fonogramas o de grabaciones audiovisuales, incluso de fragmentos de unos y otras, y la que se realice para consulta *in situ*.

Se entiende por préstamo la puesta a disposición de originales y copias de una obra para su uso por tiempo limitado sin beneficio económico o comercial directo ni indirecto, siempre que dicho préstamo se lleve a cabo a través de establecimientos accesibles al público.

Se entenderá que no existe beneficio económico o comercial directo ni indirecto cuando el préstamo efectuado por un establecimiento accesible al público dé lugar al pago de una cantidad que no exceda de lo necesario para cubrir los gastos de funcionamiento. Esta cantidad no podrá incluir total o parcialmente el importe del derecho de remuneración que deba satisfacerse a los titulares de derechos de propiedad intelectual.

Quedan excluidas del concepto de préstamo las operaciones mencionadas en el párrafo segundo del apartado 3 y las que se efectúen entre establecimientos accesibles al público.

Lo dispuesto en este apartado en cuanto al alquiler y al préstamo no se aplicará a los edificios ni a las obras de artes aplicadas.

Comunicación pública

Se entenderá por comunicación pública todo acto por el cual una pluralidad de personas pueda tener acceso a la obra sin previa distribución de ejemplares a cada una de ellas.

No se considerará pública la comunicación cuando se celebre dentro de un ámbito estrictamente doméstico que no esté integrado o conectado a una red de difusión de cualquier tipo.

Especialmente, son actos de comunicación pública:

- Las representaciones escénicas, recitaciones disertaciones y ejecuciones públicas de las obras dramáticas, dramático-musicales, literarias y musicales mediante cualquier medio o procedimiento.

- La proyección o exhibición pública de las obras cinematográficas y de las demás audiovisuales.

- La emisión de cualesquiera obras por radiodifusión o por cualquier otro medio que sirva para la difusión inalámbrica de signos, sonidos o imágenes. El concepto de emisión comprende la producción de señales portadoras de programas hacia un satélite, cuando la recepción de las mismas por el público no es posible sino a través de entidad distinta de la de origen.

- La radiodifusión o comunicación al público vía satélite de cualquier obra, es decir, el acto de introducir, bajo el control y la responsabilidad de la entidad radiodifusora, las señales portadoras de programas, destinadas a la recepción por el público en una cadena ininterrumpida de comunicación que vaya al satélite y desde este a la Tierra. Los procesos técnicos normales relativos a las señales portadoras de programas no se consideran interrupciones de la cadena de comunicación.

Cuando las señales portadoras de programas se emitan de manera codificada existirá comunicación al público vía satélite siempre que se pongan a disposición del público por la entidad radiodifusora, o con su consentimiento, medios de descodificación.

A efectos de lo dispuesto en los dos párrafos anteriores, se entenderá por satélite cualquiera que opere en bandas de frecuencia reservadas por la legislación de telecomunicaciones a la difusión de señales para la recepción por el público o para la comunicación individual no pública, siempre que en este último caso, las circunstancias en las que se lleve a efecto la recepción individual de las señales sean comparables a las que se aplican en el primer caso.

- La transmisión de cualesquiera obras al público por hilo, cable, fibra óptica u otro procedimiento análogo, sea o no mediante abono.

- La retransmisión, por cualquiera de los medios citados en los apartados anteriores y por entidad distinta de la de origen, de la obra radiodifundida.

Se entiende por retransmisión por cable la retransmisión simultánea, inalterada e íntegra, por medio de cable o microondas de emisiones o transmisiones iniciales, incluidas las realizadas por satélite, de programas radiodifundidos o televisados destinados a ser recibidos por el público.

- La emisión o transmisión, en lugar accesible al público, mediante cualquier instrumento idóneo, de la obra radiodifundida.

- La exposición pública de obras de arte o sus reproducciones.

- La puesta a disposición del público de obras, por procedimientos alámbricos o inalámbricos, de tal forma que cualquier persona pueda acceder a ellas desde el lugar y en el momento que elija.

- El acceso público en cualquier forma a las obras incorporadas a una base de datos, aunque dicha base de datos no esté protegida por las disposiciones legales sobre propiedad intelectual.

Transformación

La transformación de una obra comprende su traducción, adaptación y cualquier otra modificación en su forma de la que se derive una obra diferente.

Cuando se trate de una base de datos, se considerará también transformación, la reordenación de la misma.

Los derechos de propiedad intelectual de la obra resultado de la transformación corresponderán al autor de esta última, sin perjuicio del derecho del autor de la obra preexistente de autorizar, durante todo el plazo de protección de sus derechos sobre esta, la explotación de esos resultados en cualquier forma y en especial mediante su reproducción, distribución, comunicación pública o nueva transformación.

Colecciones escogidas u obras completas

La cesión de los derechos de explotación sobre sus obras no impedirá al autor publicarlas reunidas en colección escogida o completa.

Independencia de derechos

Los derechos de explotación a que se ha hecho mención son independientes entre sí.

OTROS DERECHOS

Compensación equitativa por copia privada

La reproducción de obras divulgadas en forma de libros o publicaciones que a estos efectos se asimilen reglamentariamente, así como de fonogramas, videogramas o de otros soportes sonoros, visuales o audiovisuales, realizada mediante aparatos o instrumentos técnicos no tipográficos, exclusivamente para uso privado, no profesional ni empresarial, sin fines directa ni indirectamente comerciales, de conformidad con la legislación sobre propiedad intelectual, originará una compensación equitativa y única para cada una de las tres modalidades de reproducción mencionadas.

Dicha compensación, con cargo a los Presupuestos Generales del Estado, estará dirigida a compensar los derechos de propiedad intelectual que se dejaran de percibir por razón del límite legal de copia privada.

Serán beneficiarios de esta compensación los autores de las obras señaladas en el apartado anterior, explotadas públicamente en alguna de las formas mencionadas en dicho apartado, conjuntamente y, en los casos y modalidades de reproducción en que corresponda, con los editores, los productores de fonogramas y videogramas y los artistas intérpretes o ejecutantes cuyas actuaciones hayan sido fijadas en dichos fonogramas y videogramas. Este derecho será irrenunciable para los autores y los artistas intérpretes o ejecutantes.

El procedimiento de determinación de la cuantía de esta compensación, que será calculada sobre la base del criterio del perjuicio causado a los beneficiarios, contará con una consignación anual en la Ley de Presupuestos Generales del Estado, así como el procedimiento de pago de la compensación, que se realizará a través de las entidades de gestión, se ajustarán a lo reglamentariamente establecido.

A los efectos de la determinación de la cuantía de la compensación equitativa, no tendrán la consideración de reproducciones para uso privado:

- Las realizadas mediante equipos, aparatos y soportes de reproducción digital adquiridos por personas jurídicas, que no se hayan puesto, de hecho ni de derecho, a disposición de usuarios privados y que estén manifiestamente reservados a usos distintos a la realización de copias privadas.

- Las realizadas por quienes cuenten con la preceptiva autorización para llevar a efecto la correspondiente reproducción de obras y prestaciones protegidas en el ejercicio de su actividad, en los términos de dicha autorización.

No darán origen a una obligación de compensación aquellas situaciones en las que el perjuicio causado al titular del derecho de reproducción haya sido mínimo, que se determinarán reglamentariamente. En todo caso, no dará origen a una obligación de compensación por causar un perjuicio mínimo la reproducción individual y temporal por una persona física para su uso privado de obras a las que se haya accedido mediante actos legítimos de difusión de la imagen, del sonido o de ambos, para permitir su visionado o audición en otro momento temporal más oportuno.

En la determinación de la cuantía de la compensación equitativa podrá tenerse en cuenta, en los términos que se establezca reglamentariamente, la aplicación o no, por parte de los titulares del derecho de reproducción, de las medidas tecnológicas eficaces que impidan o limiten la realización de copias privadas o que limiten el número de estas.

1.6.3. Protección de datos

La normativa relativa a la protección de datos de carácter personal se halla expuesta en forma extensa en el apartado 3.8.2 del manual, en el que se exponen los principales derechos que asisten a los ciudadanos en esta materia.

AUTOEVALUACIÓN

1.1. Los elementos básicos de la comunicación son:

    A) Emisor, mensaje y canal.

    B) Emisor, mensaje, receptor y canal.

    C) Emisor, receptor, concepto y mensaje.

1.2. El proceso de la comunicación puede incluir algún tipo de obstáculo que dificulte su desarrollo. Estos obstáculos son denominados:

    A) Ruidos.

    B) *Feedback.*

    C) Intromisiones.

1.3. Cuando existe una situación de contradicción entre lo que el emisor pretende emitir y la reacción que provoca en el receptor, se habla de una barrera:

    A) Semántica.

    B) Psicológica.

    C) Pragmática.

1.4. CIDOC es el acrónimo del:

    A) Centro Internacional de Orientación al Consumidor.

    B) Centro de Información y Documentación del Consumo.

    C) Comisión Interministerial de Ordenación del Consumo.

1.5. Los intervinientes en una relación de comercio electrónico B2A son:

    A) Empresas y organismos públicos.

    B) Empresas y clientes.

    C) Comercios y empresas.

1.6. Los dos tipos de índices permutados más relevantes son

    A) KWIC y KWOT.

    B) KWIT y KWOC.

    C) KWIC y KWOC.

1.7. Los elementos fundamentales de una base de datos son:

A) Tabla, registro y celda.

B) Tabla, registro y campo.

C) Campo, tema y registro.

1.8. En función de su naturaleza, señala los tres tipos de bases de datos que existen:

A) Bibliográficas, jurídicas y desarrolladoras.

B) Bibliotecas, factuales y documentales.

C) Bibliográficas, factuales y documentales.

1.9. La obra creada por la iniciativa y bajo la coordinación de una persona natural o jurídica que la edita y divulga bajo su nombre y está constituida por la reunión de aportaciones de diferentes autores recibe el nombre de:

A) Colectiva.

B) Mixta.

C) Compleja.

1.10. La suite de oficina basada en el sistema de código abierto más empleada es la denominada:

A) Microsoft Office.

B) OpenOffice.

C) Oracle.

ACTIVIDADES PRÁCTICAS

1.1. Pon un ejemplo práctico de cada una de las barreras de comunicación que se exponen en el manual, centrándose, cuando te sea posible, en el sector de la actividad económica que mejor conozcas.

1.2. Visita la página web del CIDOC y busca información acerca de la legislación y jurisprudencia de consumo aplicable al sector comercial que conozcas mejor. Posteriormente, busca en la misma página web las OMIC que se encuentren más cerca de tu domicilio.

1.3. Enumera las principales empresas de tu sector económico que realizan comercio electrónico y señala las principales características de cada una de las mismas.

2. Técnicas de búsqueda de información en consumo

Contenido

En la actualidad existe una multiplicidad de fuentes desde las que se puede obtener información en materia de consumo, especialmente las derivadas de la sociedad de la información que actualmente existe.

2.1. Tipos y herramientas de búsqueda de información: sitios web, institucionales, páginas personales, foros y grupos de noticias

Las principales herramientas de búsqueda de información en la red son las siguientes:

Sitios web

En materia de consumo existen páginas web de empresas privadas y de asociaciones de consumidores en las que se ofrece información acerca de estos temas, se incluyen noticias, comparativas de productos y servicios, además de contar con una sección importante en la que los consumidores y usuarios exponen sus quejas respecto a la inadecuada venta de un bien o comercialización de un servicio que ha soportado.

Las quejas deben entenderse adecuadamente para así poder afrontarlas correctamente. Cuando un cliente expone una queja ello implica que existen unas expectativas con las cuales acudió a la entidad financiera y que no se han visto satisfechas. El objetivo de la empresa es que la suma de las experiencias del conjunto de los clientes sea cada vez más positiva.

Así, cada queja que un cliente expone en estas webs es una posibilidad de mejorar el trato que este recibe, bien porque se modifica una actuación que era incorrecta o bien porque se mejoran las prestaciones de un servicio que si bien no planteaba deficiencias, era mejorable. No se trata de afirmar que el cliente tiene siempre la razón, como comúnmente se escucha, sino que el cliente tiene siempre el derecho de quejarse ante una situación que no cubre sus aspiraciones. La idea clave no es afirmar que resulte agradable recibir las quejas por parte del cliente, pero las posibilidades de que esas quejas ayuden a mejorar la calidad del servicio es lo que ha de hacer entender la queja como algo positivo.

Es importante plantearse que en el mercado no existe prácticamente ningún sector en el que una empresa actúe en régimen de monopolio, y menos aún en la actualidad, con el acceso a internet y las posibilidades de contratar bienes y servicios a través de la red, con lo que muchas entidades que eran las únicas que prestaban un servicio en una determinada área geográfica, ahora se encuentran con una competencia mucho más accesible para sus clientes.

Ante esta realidad, el hecho de que un cliente emplee parte de su tiempo en plantear una queja a la empresa, en vez de optar por el silencio y por irse a otra entidad es un hecho que debe valorarse muy positivamente, pues la mayoría de los clientes que se encuentran con un punto de mejora en el servicio recibido prefieren no comunicarlo y, llegado un determinado nivel de insatisfacción, dejar de operar con la entidad sin ofrecer explicaciones ni posibilidades de solución al problema.

No obstante, aparentemente, muchas empresas prefieren contar con clientes que no expresen ninguna queja respecto de los bienes o servicios que la misma les entrega o presta. Y, en muchas ocasiones, estas quejas pueden avisar de problemas que se estén generando por el personal de atención al cliente debido al incorrecto desarrollo de sus funciones.

Además, existe un valor en la queja que suele pasar desapercibido y es el ahorro de costes que representa para la empresa al actuar como una especie de encuesta u otro tipo de estudio de mercado para conocer las deficiencias o áreas de mejora de la misma. Además, ese tipo de estudios supone un coste muy elevado a la hora de implementarlo, de forma que suele quedar reservado a las grandes empresas. Esa información, por cuya obtención se pagaría dinero, es ofrecida gratuitamente por parte de los clientes, esperando, a cambio de la misma, un compromiso de mejora y de solución por parte de la entidad. Es una forma muy efectiva de dar a conocer las necesidades de la clientela.

A la hora de valorar si merece o no la pena atender las quejas de un cliente, una forma de pensar, incorrecta por lo demás, es que no tiene importancia el hecho de que se pierda una compra determinada. Que por una venta más o menos el ejercicio económico va a terminar igual, por lo tanto, no se pierde casi nada si un cliente queda insatisfecho con el servicio recibido. Sin embargo, el cálculo correcto no es considerar la pérdida concreta, sino el impacto, en términos de volumen de negocio, que supondría para la entidad la pérdida de un cliente dado el importe que podría movilizar a lo largo de su vida comercial. Un ejemplo es el de la comisión bancaria injustamente aplicada a un cliente, la cual no es retrocedida después de haberlo solicitado por el mismo. Es posible que el cliente opte por no acudir al procedimiento que se señaló antes para conseguir la devolución de su importe y opte por abonarla, pero la consecuencia del cobro de esa comisión puede ser la pérdida del cliente para el resto de su vida, lo que, evidentemente, supone una pérdida en términos de rentabilidad mucho mayor para la entidad que lo que represente el cobro de la mencionada comisión.

Todo ello sin considerar que el coste en términos de políticas de *marketing*, de mantener a un cliente es muy inferior al derivado de conseguir captar a un nuevo cliente, por lo que el coste real de haber perdido a ese cliente previamente fiel a la empresa será muy superior al inicialmente esperado.

Es frecuentemente señalado en las estadísticas sobre este tema que solo se formaliza una queja por cada 25 clientes que sufren una insatisfacción en una entidad, lo cual ha de obligar a la dirección de la entidad a realizar la correspondiente multiplicación para determinar el nivel real de insatisfacción de la clientela. Muchos clientes no se quejarán de la tardanza en ser atendidos, de la escasa amabilidad de alguno de los trabajadores, de los trámites que requieren determinadas gestiones, de la escasa información que reciben acerca de la evolución de sus productos financieros o de la escasa variedad de los mismos, pero los pocos que lo hacen deben ser muy tenidos en cuenta y no minusvalorarlos en función a que, porcentualmente, el número de quejas sea muy limitado en relación con el número total de clientes.

De hecho, un grave error es considerar que el objetivo, aisladamente considerado, de reducir el número de quejas es la prioridad del servicio de atención al cliente. La realidad es que reducir esa cifra es muy sencilla, basta con dificultar la tramitación por parte de los clientes de las mismas o con bloquearlas a lo largo de la estructura de la empresa, de forma que estas no lleguen al departamento de atención al cliente. No serían prácticas inteligentes desde el punto de vista de la gestión empresarial y la búsqueda de la mejora, pero se produce con cierta frecuencia como modo de mejorar las estadísticas del departamento de atención al cliente.

No obstante, algunas empresas optan por todo lo contrario, es decir, por conocer la realidad de la calidad de sus servicios y productos. Una forma es realizar paneles de clientes en los cuales se les ruega que expongan todo lo que consideran mejorable en la entidad, información que se recibe en primera persona y que se puede analizar con más intensidad, todo ello teniendo presente que al estar presente los interesados, es muy sencillo profundizar acerca de los datos que se le presentan por parte de los clientes mediante las adecuadas preguntas y repreguntas a los usuarios.

Con respecto a las recomendaciones de los clientes actuales, a las referencias que pueden realizar de la empresa, debe tenerse presente que, generalmente, las personas tienen la tendencia a confiar más en las opiniones de personas a las cuales conocen antes que a los argumentos expuestos en las campañas publicitarias. En este sentido debe hacerse referencia a cómo, actualmente, incluso las opiniones de terceras personas a quienes no se conoce personalmente son igualmente tenidas en cuenta por los futuros clientes. Basta con hacer referencia a las numerosas páginas web existentes en internet en las cuales se recogen las opiniones de los usuarios de diversas empresas en torno a los mismos.

Se trata de páginas web especializadas en las que se plantean dudas en materia de consumo, se describen productos y los usuarios de esas páginas, registrados o no, exponen sus experiencias personales o sus opiniones. Es una muestra más de las consecuencias que una actuación negativa puede tener para una empresa, dado que la información acerca de la mala experiencia con una empresa determinada no se limitará al círculo personal del afectado, sino que aparecerá en foros y plataformas al alcance de todos los ciudadanos.

Y, si bien es cierto que no puede comprobarse por parte del lector la veracidad o no de la opinión expresada, el hecho de que haya varias opiniones en sentido negativo hará que el posible cliente pueda plantearse la conveniencia o no de realizar operaciones con la correspondiente entidad financiera. En el mismo sentido, las quejas adecuadamente solucionadas, especialmente cuando la solución de las mismas ha sido rápida y efectiva, supone una fuente de críticas positivas que no puede minusvalorarse. Conseguir la imagen de una empresa que atiende las quejas con la máxima efectividad convierte a los clientes en «agentes comerciales» de la entidad financiera, con el plus de credibilidad que los comentarios personales incluyen. Incluso esa imagen de absoluta dedicación al cliente permite a la entidad cobrar tarifas más elevadas por sus productos y servicios, y existe un importante nicho de clientes que están dispuestos a abonar esos precios superiores a cambio de esa excelencia en el servicio.

Es preciso que el empresario conozca con detalle la realidad del *marketing online*. Del mismo modo que es importante contar con una adecuada sede física para desarrollar las operaciones de la empresa, se debe contar con una adecuada presencia en internet que esté en consonancia con la imagen que el negocio ofrece en la realidad física. No siendo este el lugar para detallar las características precisas del diseño de la presencia de la empresa en internet, cabe señalar las principales características que la misma debe adoptar:

- Página web con una navegación amigable que no plantee dificultades de navegación al usuario. La misma ha de aportar información clara e interesante al visitante, de modo que tenga razones para regresar a la misma y permanecer en ella. La información básica sobre los productos y servicios ofrecidos por la empresa, así como la forma de contactar con la misma han de ser muy visibles. Contar con información complementaria sobre la actividad desarrollada también puede atraer visitantes (normas contables en una asesoría, turismo en una casa rural).

- Adecuado posicionamiento: la presencia en internet carece de importancia en tanto en cuanto no es conocida por las personas que requieren información sobre empresas, productos y servicios. Un adecuado empleo de las herramientas SEO (*search engine optimization* u optimización de motores de búsqueda) permitirá que el negocio aparezca entre los primeros lugares de resultados al buscar la citada información.

- Empleo de estrategias SEM (*search engine marketing* o *marketing* en motores de búsqueda), por ejemplo, mediante Google Adwords. De esta forma, cuando el cliente busque información sobre un producto o servicio, aparecerá la empresa en un lugar destacado en la zona de anuncios del buscador.

- *E-mail marketing*: teniendo presente las normas sobre protección de datos de carácter personal, fundamentalmente la LOPD, la empresa puede dirigirse a los posibles clientes a través de este medio, creando, si es posible, una base de datos que reciba periódicamente información sobre la empresa y sus actividades (*newsletter*).

- Viralización: conseguir un elemento *online* (vídeo, *post*, etc.) que atraiga suficientemente la atención del público como para que este la distribuya entre sus contactos es un elemento muy efectivo de difusión de la empresa.

Tanto en el ámbito *offline* como en el *online* deberá realizarse un seguimiento de los resultados obtenidos por las campañas desarrolladas y determinar la adecuación respecto de las previsiones establecidas en el plan de *marketing* previamente desarrollado y realizar las correspondientes modificaciones precisas para conseguir los resultados esperados o incluso superarlos.

Páginas personales

Los blogs representan una oportunidad relevante para que una empresa o asociación cuente con una presencia activa en materia de consumo en internet. Cuenta con las siguientes ventajas:

- Gratuidad y sencillez en su creación. Toda vez que la plataforma es gratuita y no requiere de conocimientos relevantes en materia informática para ser creado. WordPress y Blogger son las principales herramientas para crear blogs y ambas son de uso gratuito.

- Facilidad en su personalización. Dispone de numerosas plantillas que adaptan el aspecto del blog a las preferencias del creador de la web, pudiendo optar por diseños más o menos clásicos o con diferentes diseños.

- Interactividad. Permite a la persona o empresa estar en contacto con sus clientes o seguidores de modo que los mismos puedan expresar sus opiniones y entrar fácilmente en contacto con la empresa. Ello facilita al comercio conocer las expectativas del cliente o seguidor y las posibles quejas que puedan albergar respecto de los productos o servicios vendidos. Es un soporte muy sencillo para incorporar medios de contacto tales como encuestas o *newsletter*. Una *newsletter* bien diseñada, que ofrezca información de relevancia para el cliente, conseguirá un elevado número de suscriptores que van a dar lugar a una vinculación especial con los clientes o seguidores.

- Soporte publicitario. El blog permite a la empresa o asociación situar anuncios de empresas que considere que resultan de interés para las personas con quien mantiene contacto. Esas inserciones publicitarias pueden suponer una fuente de ingresos, si bien suele ser modesta, para el titular del blog.

- Vinculación. Un blog activo y que incorpore materias de interés para los clientes potenciales hará que los mismos repitan sus visitas a este para conocer las novedades que se vayan produciendo en él.

Los blogs se hallan integrados por una serie de publicaciones denominadas generalmente entradas o *posts*. Se van publicando en orden inverso, de forma que las últimas publicaciones se sitúan en primer lugar, pudiendo consultar las anteriores mediante diversas formas.

Una de las claves del éxito de los blogs es su actualización frecuente, de modo que las personas interesadas en los productos o servicios ofrecidos por el titular del blog tengan un motivo para acudir de forma reiterada al mismo para conocer las novedades existentes.

Las entradas no incluyen exclusivamente texto, sino que, igualmente, pueden contener elementos multimedia como son vídeos, enlaces a páginas web o imágenes.

La empresa o asociación habrá de estar atenta a las conversaciones que se generen en el blog, de forma que deberá reaccionar a los comentarios que reciba, tanto en el caso de que se trate del reconocimiento de un elemento positivo como, y de forma especial, cuando se presente una queja razonada que ponga de manifiesto la existencia de circunstancias que necesitan ser mejoradas. La respuesta a los comentarios negativos que se publiquen supondrá que los clientes o seguidores podrán comprobar cómo la empresa o asociación atiende a sus opiniones y adopta las medidas necesarias para incrementar su satisfacción.

Redes sociales

La presencia en redes sociales es una necesidad para empresas y asociaciones, dada la visibilidad que ofrece a las mismas y la vinculación que supone entre estas y su público. La presencia en redes sociales ha de realizarse de un modo activo, es decir, en la actualidad existe una serie extensa de redes sociales y una de las opciones seguida por muchas empresas y asociaciones es la de estar presente en la totalidad de ellas. Sin embargo, dado el tiempo que supone cuidar la participación en las mismas, se recomienda generalmente que el empresario seleccione de forma adecuada las redes en las que estar presente y, en ellas, ofrecer la imagen que se considere oportuno dar de la empresa.

Facebook

El primer paso en Facebook para una asociación o empresa es el de crear una página de fanes a la que podrán incorporarse como seguidores quienes lo deseen. Una página de fanes es mucho más adecuada para materializar la presencia de un comercio que un perfil, sin embargo, es muy frecuente que las pequeñas entidades utilicen un perfil, incurriendo en una serie de limitaciones respecto a sus posibilidades de realizar interacciones con el público.

Los *posts*, tal como se indicaba respecto de los blogs, han de resultar interesantes para el lector, de forma que lo se anime a convertirse en fan de la página. Es posible compartir enlaces, vídeos, imágenes e incluso plantear preguntas que incrementen la participación de los lectores.

En la red social Facebook es posible integrar anuncios que se configuren de manera adecuada para generar visitas a la web de la empresa o asociación y en los que se puede informar de campañas o servicios de utilidad para los consumidores y usuarios.

Twitter, ahora X

La esencia de X es lo que se suele denominar *microblogging*. Se trata de llevar a cabo el envío de textos de corto espacio, con el límite de 140 caracteres, que pueden ir acompañados de otros elementos tales como imágenes o enlaces a páginas web. Su naturaleza permite y facilita la comunicación e intercambio de mensajes de forma inmediata entre la empresa y sus seguidores o entre ellos, generando conversaciones. En las mismas se puede lograr información directa acerca de lo que los clientes opinan sobre la empresa o asociación, solicitar información sobre las actividades de las mismas o realizar una amplia serie de acciones tales como concursos o sorteos entre sus seguidores de la empresa en X. La inmediatez es una forma para solucionar de manera ágil las incidencias que existan entre los clientes o asociados y las entidades, dado que los clientes pueden comunicarlas a la empresa y llevar a cabo las medidas que sea preciso para obtener la debida satisfacción de las demandas de los clientes.

El objetivo en X no ha de ser el de conseguir seguidores sin más, por el único sentido de incrementar el número de los mismos, sino obtener seguidores que sean relevantes para la entidad en términos tanto de ventas como de influencia social en las redes.

X permite realizar publicidad en la red, de forma que una pequeña entidad pueda desarrollar sus actividades promocionales sin necesidad de contar con importantes recursos económicos.

FOROS

Los foros pueden definirse como un tipo de páginas web en las cuales los usuarios manifiestan sus opiniones o inquietudes acerca de los diferentes temas planteados en los mismos.

Generalmente, los foros están construidos en base a una temática determinada, en este caso, consumo, si bien existen otros foros generalistas en los que hay diversas secciones, en cada una de las cuales se aborda diferente temática, ente las que se puede encontrar la de consumo.

Dentro de cada uno de esos foros, cada uno de los diferentes temas puede contar con una serie de respuestas aportadas por la comunidad de usuarios, que reciben la denominación de hilos. Los temas, como regla general, pueden ser abiertos por cualquiera de los usuarios, permitiendo, a continuación, al resto de usuarios poder realizar los comentarios y aportaciones que estime oportunos.

Los foros cuentan con moderadores, pero, en aras de una mayor agilidad, las intervenciones de los integrantes de los mismos son publicadas sin ser sometidas a lectura previa por parte de los administradores, toda vez que, en ese caso, la espontaneidad del foro se vería muy reducida.

En todo caso, los usuarios que consideren que se ha infringido alguna norma o se han realizado afirmaciones incorrectas en el foro pueden acudir al administrador solicitando la retirada de la citada publicación.

El prestigio de un foro se halla en función de los autores que en el mismo intervienen del conocimiento que de los temas abordados poseen. En muchos casos, los usuarios son calificados por los demás intervinientes en el foro en función de la calidad de sus intervenciones, de forma que de cada uno puede observarse la calidad otorgada por la comunidad en su conjunto, además de quedar constancia del número de veces que ha participado, bien iniciado hilos o bien interviniendo en alguno de los ya iniciados.

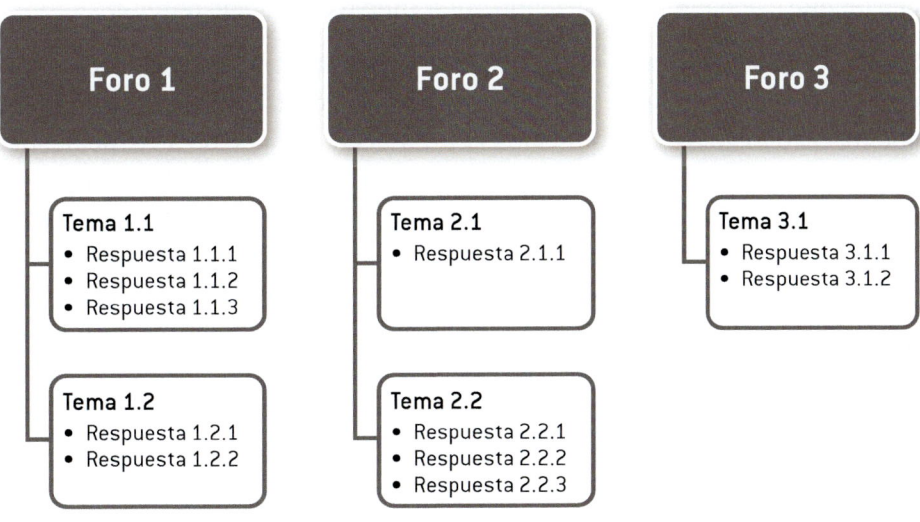

Figura 2.1. Estructura típica de un foro.

GRUPOS DE NOTICIAS

Los grupos de noticias o *newsgroups* son foros en los que abordan diversos temas concretos, en función de los intereses comunes que comparten los participantes en el mismo. Es preciso contar con un programa específico para leer los mensajes que constituyen cada grupo. Dicho programa descarga las noticias desde el correspondiente servidor. Cada uno de los servidores puede contar con un número muy elevado de grupos de noticias al que inscribirse.

2.2. Criterios de calidad, vigencia y fiabilidad de la información y sus fuentes

Dada la gran cantidad de información que actualmente se encuentra accesible para cualquier persona u organización interesada en conocer los distintos aspectos del fenómeno jurídico económico del consumo, habrá que determinar la calidad de las fuentes consultadas para que la información obtenida sea fiable y de calidad.

2.2.1. Autoría

La autoría de un determinado informe o documento es uno de los elementos fundamentales a la hora de estimar la credibilidad del mismo. Debe analizarse la capacidad y prestigio del autor, medidos en términos de su currículum profesional y académico, las entidades en las que ha desarrollado su actividad laboral o académica o las distinciones que haya podido obtener.

Sin embargo, la autoría no es un factor de importancia absoluta, desde el momento en que un autor de prestigio puede redactar trabajos de una muy reducida calidad, tal vez porque haya abordado un tema no de su especialidad o porque no haya cuidado los resultados de esa publicación. En el supuesto de libros u obras de carácter colectivo, en los que la autoría es compartida por una serie de autores bajo la coordinación de uno o varios expertos, el nivel de cada uno de los coautores puede no ser similar, por lo que deberá atenderse a la calidad concreta de cada autor en lugar de presuponer un prestigio o capacidad similar a cada uno de ellos. En otro orden de cosas, autores noveles pueden presentar documentos muy relevantes en los que haya un elevado nivel de rigor y calidad.

2.2.2. Filiación

La calidad de una fuente también deriva de la publicación en la cual la misma aparece. Un informe que proceda de una institución de prestigio presupone que ha sido sometido a una serie de controles de calidad antes de ser difundido. Las entidades de renombre cuentan con consejos editoriales o comités científicos entre cuyas funciones se halla la de revisar los manuscritos enviados a las mismas buscando ser publicados.

El proceso de revisión cuenta con las siguientes fases:

- Recepción de originales: los cuales serán enviados por los autores de forma espontánea o previa petición expresa. Es frecuente que se exija el envío a través de diversas plataformas electrónicas tales como ScholarOne.

- Transformación en documento anónimo: eliminando las referencias que puedan permitir a los revisores del artículo deducir la persona o grupo de personas que han redactado el mismo y con lo que se pretende eliminar en el mayor grado posible la influencia que sobre el comité de revisión pueda tener la personalidad de los autores. Dicha modificación del documento original para su revisión será autorizada previamente por el autor como requisito previo al envío de los originales.

- Evaluación por parte de miembros del consejo editorial en la que se estimará si el original remitido se encuentra ajustado a las necesidades o requerimientos de la publicación.

- Revisión por parte de evaluadores externos a la publicación.

- El consejo editorial de cada publicación, a la luz de las revisiones externas e internas, determinará la clasificación del manuscrito en una de las siguientes categorías:

  - Publicable sin modificaciones o con cambios de mínimo nivel.

  - Publicables con alteraciones relevantes.

  - No publicable. El autor deberá rehacerlo para ser sometido posteriormente a una nueva revisión sin que se asegure en modo alguno la publicación del nuevo manuscrito.

  - No publicable.

Un ejemplo de ficha de revisión es la siguiente:

Fecha en la que se recibe el manuscrito original:

Fecha en la que se lleva a cabo la revisión:

Nombre de quien realiza la revisión:

Título del manuscrito sometido a revisión:

- VALORACIÓN NUMÉRICA DE 1 A 5

- Insuficiente 1, Discutible 2, Correcto 3, Bueno 4, Muy bueno 5

Elementos a considerar	1	2	3	4	5
Vinculación entre las hipótesis y los objetivos en relación con los planteamientos, limitaciones, enfoques o ideas en el campo del conocimiento que han sido abordados en el marco teórico de la investigación.					
El aspecto metodológico de la investigación, desde el punto de vista tanto cualitativo como cuantitativo y de las técnicas (análisis, encuestas, grupos de discusión) que se han empleado, se encuentra adecuadamente relacionado con los objetivos y las hipótesis que se exponen.					
La selección de las muestras de grupos sobre los cuales se basa la investigación se justifica de una forma correcta (si procede).					
Las gráficas, esquemas e imágenes son procedentes y tienen relevancia (si procede).					
Las fuentes que se emplean son correctas y extensas.					
Se expone con claridad cuáles son las aportaciones del artículo, y en qué contribuyen a ampliar, completar o discutir lo conocido hasta este momento.					
El manuscrito resulta científicamente relevante y novedoso, bien en relación con la forma en la que desarrolla, la metodología utilizada, las fuentes empleadas o los resultados alcanzados.					
La exposición es nítida y de comprensión clara desde un aspecto formal.					

VALORACIÓN DEFINITIVA	No publicable	Publicar con modificaciones relevantes	Publicar con modificaciones menores	Publicar

En España, el Centro de Ciencias Humanas y Sociales, perteneciente al Consejo Superior de Investigaciones Científicas, CSIC, ha elaborado un *ranking*, SPI (Scholarly Publishers Indicators in Humanities and Social Sciences) en el que se clasifican las editoriales de libros científicos, de acuerdo con las opiniones expresadas por expertos en las áreas de Humanidades y Ciencias

Sociales. Su finalidad es establecer indicadores de calidad tanto para libros como para editoriales en estos campos.

Existen dos tipos de *rankings*, de un lado, el general, en el que se enumeran las editoriales más valoradas, diferenciando entre españolas y extranjeras. De otro lado, un *ranking* por disciplinas en el que se detallan los resultados diferenciando entre 16 categorías en las que se reúnen los distintos campos del conocimiento.

Es muy complejo realizar un análisis de cada publicación científica que se produce en España, por lo que el índice SPI pretende ofrecer criterios objetivos de uso general para valorar los manuscritos editados.

Igualmente, se presentan indicadores sobre el número de títulos que cada editorial publica a lo largo del año, tanto desde un punto de vista global como desglosados los datos de acuerdo a cada una de las materias en las que se incluyen en la plataforma DILVE (Distribuidor de Información del Libro Español en Venta), plataforma que permite gestionar y distribuir información comercial y bibliográfica acerca de los libros de un modo normalizado y centralizado.

El SPI incluye información sobre el procedimiento que cada editorial sigue para decidir los manuscritos que finalmente publica, indicando los factores que cada una tiene presente para adoptar la decisión de publicar o no el manuscrito recibido.

2.2.3. Actualidad

La actualidad es un elemento fundamental respecto a la valoración de un determinado documento. En función del tema a que se refiera el documento, la importancia del factor actualidad es muy variable. En el supuesto de, por ejemplo, un tema relativo a la evolución del consumo en una sociedad o de las opiniones de los consumidores sobre un cierto asunto, es básico tener presente la fecha en la que se redacta el documento. Sin embargo, en otras materias como un análisis de la normativa vigente en materia de consumo, habrá de verificarse previamente la vigencia de la correspondiente norma.

Sin embargo, aspectos como la evolución histórica de un tema, pierde la actualidad un gran porcentaje de relevancia.

Debe considerarse que la redacción de un libro requiere, generalmente, de un periodo de tiempo dilatado, ha de tenerse presente que en materias de mucha actualidad, puede que en el momento en el cual se publica el libro ya haya perdido parte de la vigencia.

A la hora de determinar la actualidad o no de un texto ha de abordarse una serie de aspectos:

- Actualización de las referencias, bibliografía o enlaces web.
- Incorporación de doctrinas o referencias legislativas actualizadas.
- Fecha de publicación.
- Novedades producidas en la materia concreta.

2.2.4. Propósito

La finalidad o propósito de un determinado manuscrito o informe publicado es un elemento importante para determinar la relevancia del documento en cuestión. Ha de tenerse presente si el documento ha sido escrito bajo el patrocinio de una asociación o empresa que use dicha publicación con el objetivo de mantener una determinada opinión que refuerce sus intereses.

Es el caso de informes acerca de las ventajas de consumir un determinado producto o emplear una cierta tecnología que se hallan patrocinados por empresas del sector. En estos casos, no cabe afirmar que los informes lleguen a conclusiones falsas de modo intencionado, ni que se manipulen los datos que los mismos incorporan, pero sí que las conclusiones a las que se llegan pueden estar dirigidas hacia un objetivo determinado, por lo que han de ser analizados con un espíritu crítico.

En sentido opuesto, los estudios realizados por entidades de reconocido prestigio, que se presumen independientes, presuponen la existencia de una voluntad de aportar información veraz y llegar a conclusiones objetivas sobre la materia de que se trate.

2.2.5. Audiencia

El volumen de audiencia que tenga una determinada publicación es un elemento que se debe tener en cuenta a la hora de determinar la validez de una fuente, pero su importancia es muy relativa. El hecho de que una publicación sea leída por un amplio número de personas deriva, en muchas ocasiones, del marco en el que se edita, que se trate de un medio con una gran base de seguidores.

Una persona que tenga, por ejemplo, un blog con numerosos seguidores logrará que los artículos publicados en él reciban un número elevado de lecturas, sin que ello permita presuponer que las conclusiones que en el mismos se expongan tengan una mayor calidad técnica que las expuestas, por seguir con el mismo ejemplo, en un blog especializado que cuente con una política de *marketing* mucho menos efectiva que este.

2.2.6. Legibilidad

La legibilidad hace referencia a una cualidad según la cual los textos son publicados de forma que puedan ser leídos de manera sencilla. También puede definirse como la cualidad formal que un manuscrito posee de manera que se pueda leer claramente su contenido.

Algunos autores vinculan la idea de legibilidad con la de rapidez en la lectura. A la hora de presentar la información, deben cuidarse los aspectos formales de modo que se tenga presente la finalidad de facilitar al lector su tarea.

Han de tenerse en cuenta elementos tales como el tamaño de la tipografía, el color de las letras, la distribución de las columnas en el texto o el diseño de las gráficas que acompañen el texto, las cuales han de apoyar la comprensión de las ideas expresadas en el manuscrito y ampliar la información que se contiene en el mismo.

En el caso de un libro o de un curso *online*, por ejemplo, el diseño o maquetación del mismo es fundamental para que el alumno realice una lectura cómoda del texto y, de ese modo, se colabora con la finalidad didáctica que los mismos deben tener.

Párrafos muy largos o con letra muy reducida dificultan la lectura y, por ello, deben ser dejados a un margen en aras de un incremento de la legibilidad de los materiales producidos.

2.3. Análisis comparativo de las fuentes/documentos de información en consumo

Los interesados en analizar documentos de información en materia de consumo han de manejar frecuentemente un gran número de fuentes, por lo que ha de valorarse una serie de criterios para determinar los que son más adecuados para alcanzar los objetivos deseados.

La consulta de fuentes que no aporten información que resulte de interés para alcanzar el objetivo que se trate supone un coste en términos directos (monetarios) e indirectos (tiempo consumido), por lo que habrán de conocerse las características que distinga a cada una de las mismas para dirigir la consulta o investigación hacia las que más adecuen a los requerimientos planteados.

Muchas de las fuentes de información accesibles son gratuitas, sin embargo, otras, fundamentalmente bases de datos jurídicos, requieren el abono de cantidades monetarias en concepto de suscripción o por consulta de los documentos o informes incluidos en ellas.

2.3.1. Variables de comparativa: precio, soporte, calidad, accesibilidad

Entre las diversas variables que los usuarios han de tener presente a la hora de seleccionar fuentes y documentos en materia de consumo se encuentran las siguientes:

- Precio: como se indicaba anteriormente, existen bases de datos en materia de consumo que son de utilización gratuita por parte de los interesados en el tema, muchas de ellas pertenecientes a entidades públicas. Otras resultan de uso gratuito al ser financiadas mediante la publicidad que aparece en la web. De entre las que requieren el abono de cantidades por su uso deben diferenciarse las que ofrecen un uso básico gratuito y uno avanzado de pago, es el modelo denominado *freemium,* y las que requieren suscripción o pago por uso para acceder a cualquier parte de su base de datos.

- Soporte: un elemento importante de la elección de una base de datos de pago es el acceso a un servicio de soporte al que acudir en el supuesto de que se produzca alguna dificultad en el empleo de las bases de datos. Ese acceso a técnicos que puedan solucionar las dificultades que se planteen pueden justificar el abono de cuotas cuando las dificultades técnicas supongan una pérdida de tiempo que afecte al correcto desarrollo del trabajo.

- Calidad: la calidad de las fuentes que consultar es un elemento base en el momento de considerar las que se tendrán presentes a la hora de buscar la información que se desea en materia de consumo. Una fuente de baja calidad, con independencia del resto de variables que se tengan en cuenta, tendrá como consecuencia la obtención de resultados de mínimo o nulo valor, por lo que el trabajo desarrollado con la misma puede considerarse inválido en cuanto a la validez de los resultados obtenidos en el mismo.

- Accesibilidad: la llegada de internet ha supuesto un incremento exponencial de la accesibilidad de la información en materia de consumo para las personas o entidades interesadas en la misma. Con carácter previo a la existencia de internet se hacía preciso acudir a organismos o bibliotecas especializados en la materia para consultar los boletines o publicaciones periódicas sobre la materia. Con posterioridad aparecieron bases de datos en formato CD/DVD o bien interconectadas que se podían acceder desde terminales situados en determinados organismos o empresas.

2.3.2. Estimación coste-rendimiento

Será la empresa o persona física usuaria la que determine la rentabilidad que puede obtener del empleo de cada una de las diversas fuentes disponibles. No cabe hacer una afirmación con validez general, toda vez que una fuente de pago que aporte al usuario toda la información que requiera en un plazo muy breve de tiempo y bien estructurada formalmente puede suponer un ahorro relevante en términos de tiempo de búsqueda de información y recursos, y de calidad en la información obtenida que haga rentable el abono de las cantidades requeridas por el prestador del servicio.

En ciertos casos, la web permite el acceso a sus bases de datos bien pagando por cada acceso individual o bien mediante tarifas de suscripción mensual o anual, por ejemplo.

Será la intensidad del uso que de la base de datos haga el usuario el factor determinante para decidir si procede o no contratar suscripciones a la base de datos.

2.4. Buscadores de información *online*

Como anteriormente se indicaba, actualmente se puede afirmar que las principales fuentes de información son aquellas que se encuentran disponibles en modo *online*. Tanto por accesibilidad como por la cantidad de información que se encuentra disponible hace que las búsquedas de información se entiendan casi como sinónimos de búsquedas *online*.

2.4.1. Bases de datos

Las bases de datos deben permitir al usuario acceder a la información que contienen de un modo fluido y organizado. La enorme cantidad de información de la que se dispone requiere, para poder ser empleada de forma eficaz y eficiente, estar estructurada en bases de datos. En diversos capítulos de este libro se analizan en detalle las bases de datos en materia de consumo.

2.4.2. Directorios y bibliotecas virtuales

Las bibliotecas virtuales se definen como colecciones de documentos en formato digital que permiten a los usuarios interesados acceder a los mismos con independencia del lugar y del momento en que estos se encuentren.

Este sistema permite, respetando la legislación aplicable en materia de *copyright*, la reproducción de los documentos en ella contenidos, de forma sencilla y sin necesidad de manipular la publicación original. Del mismo modo, los documentos pueden ser descargados, modificados de acuerdo con las capacidades de la tecnología existente en cada momento.

Los elementos principales de una biblioteca virtual son los siguientes:

- Bases de datos: incluyendo la totalidad de los registros con los que la biblioteca cuenta, estructurados de forma que faciliten su localización y consulta.

- Hemeroteca: en la que existen publicaciones o artículos que tienen relación con los consumidores y usuarios.

- Archivos audiovisuales: archivos de vídeo, audio e imagen que pueden ser consultadas desde diferentes dispositivos como son ordenadores personales, teléfonos móviles o tabletas.

- Noticias sindicadas: a través de sistemas tipo RSS, permiten la agrupación de noticias relevantes en materia de consumo que pueden ser remitidas a los usuarios que previamente se hayan registrado en la biblioteca virtual.

- Buscador: para localizar, en los archivos de la biblioteca, la información que se desee localizar. Esta herramienta resulta mucho más potente que el tradicional índice analítico de los libros, dado que permite la localización de datos en el texto completo de los documentos.

En ocasiones, las bibliotecas virtuales cuentan con otras herramientas tales como aulas de formación, en las que se exponen de forma didáctica, los aspectos más importantes de la materia a la cual las mismas están dedicadas o se describe el modo más adecuado de usar los recursos con los cuales la misma está dotada. Las aulas pueden contar con elementos interactivos que faciliten el aprendizaje. Igualmente, pueden estar equipadas con un sistema para establecer comunicación entre los usuarios de la biblioteca tales como foros o debates.

2.4.3. Motores de búsqueda

Internet supone, en la actualidad, la fuente de información empleada por antonomasia. Pero, para poder localizar y emplear la información concreta que interesa, se requiere el empleo de herramientas denominadas buscadores.

El primer paso en una búsqueda, previo a que la misma se lleve a cabo, consiste en que el buscador localice los contenidos existentes en la red, lo que lleva a cabo mediante las denominadas arañas o robots que, en realidad, son ordenadores que navegan de forma continua por internet. Mediante estas arañas web, se inspeccionan las páginas de un modo metódico. Tras visitar las direcciones, localiza los hipervínculos existentes en estas páginas, analiza los enlaces, visitando las páginas a las que dichos enlaces remiten, volviendo a buscar enlaces en esas nuevas páginas y así de forma sucesiva.

Esta técnica se denomina *crawling* y los *webmasters* de las diferentes páginas web pueden decidir si las mismas entrarán o no en el proceso de *crawling*.

Con posterioridad, las páginas que el buscador ha localizado se estructuran en base a su contenido, entre otras variables, registrándose los resultados en el índice del buscador. Posteriormente, actúa el algoritmo de búsqueda. Los buscadores cuentan con algoritmos que tienen por objeto conseguir los resultados de búsqueda más relevantes para el usuario.

Google empezó, en su momento, a otorgar un mayor peso a ciertas páginas web respecto de otras de acuerdo a una serie de criterios como, por ejemplo, el número de enlaces que existan dirigidos a una página concreta desde sitios externos, apareciendo el concepto de PageRank.

De acuerdo con lo dispuesto por el algoritmo, se presentarán los resultados ordenados según su relevancia, para poder conseguir una adecuada indexación en el buscador han de seguirse los parámetros señalados por el mismo a través de las llamadas técnicas de SEO (*search engine optimization* u optimización de motores de búsqueda).

Debe diferenciarse entre SEO y SEM (*search engine marketing* o *marketing* en motores de búsqueda).

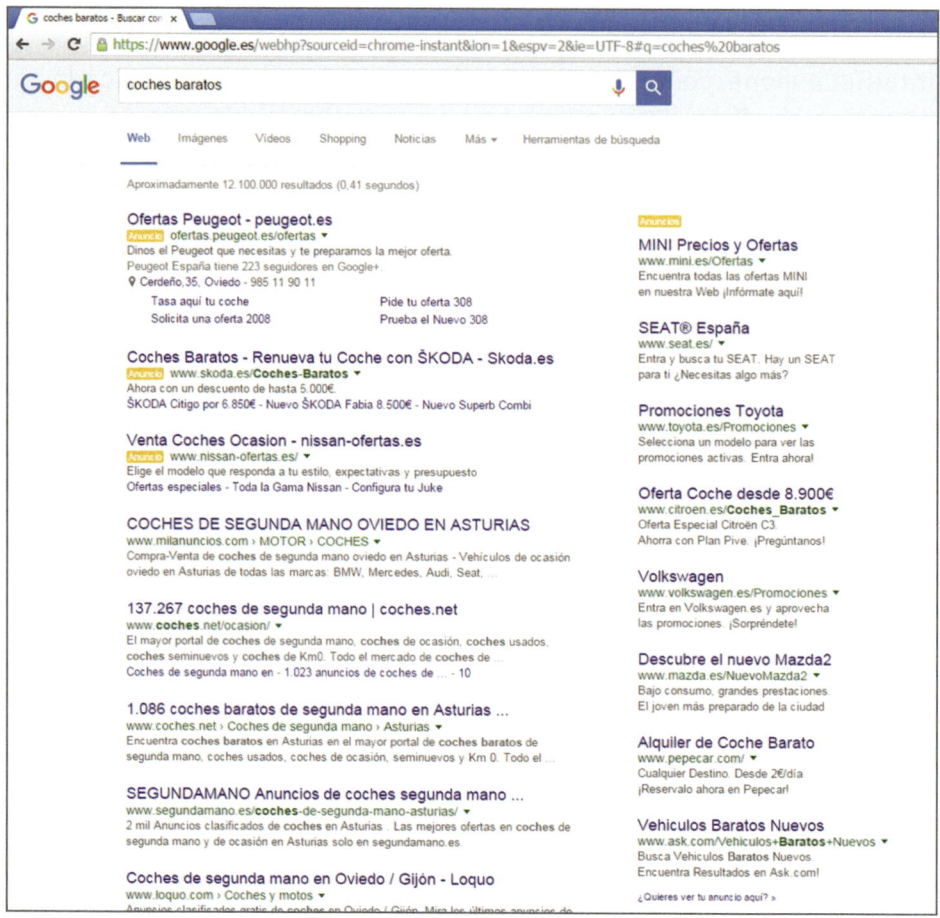

Figura 2.2. Ejemplo de búsqueda en Google en la que se diferencian los resultados o enlaces patrocinados, que aparecen junto al logo de Anuncios, de los resultados naturales. Los primeros se rigen por criterios SEM y los segundos por criterios SEO. Fuente: Google.

2.4.4. Metabuscadores

Un metabuscador puede definirse como un buscador de buscadores. Se trata de una herramienta informática que efectúa búsquedas entre diferentes bases de datos, ofreciendo resultados de las mismas de forma conjunta. El sistema carece de base de datos propia y, en lugar de la misma, emplea las que poseen los diferentes buscadores, mostrando una combinación de los resultados de la búsqueda ofrecidos por cada uno de ellos.

Una limitación básica de los metabuscadores es que no realizan de forma perfecta el filtrado de los resultados, por lo que pueden aparecer duplicados. Además, carecen de la multiplicidad de opciones avanzadas de búsqueda con las que cuentan los buscadores más utilizados y que permiten definir de forma muy específica las búsquedas que se efectúen.

En la actualidad, uno de los usos más habituales de los metabuscadores es el de localizar y clasificar productos o servicios similares para que el cliente decida el que se adapta a sus preferencias y necesidades personales. Los ejemplos más conocidos son los relativos a viajes, billetes de avión, hipotecas, seguros y materias similares.

AUTOEVALUACIÓN

2.1. Las técnicas informáticas cuyo objeto es conseguir que el negocio aparezca entre los primeros lugares de resultados al buscar una determinada información se denominan:

A) SEM.

B) SEO.

C) Macros.

2.2. Las aplicaciones más empleadas para la creación de blogs son Blogger y:

A) Open Office.

B) Oracle.

C) WordPress.

2.3. Los foros en los que abordan diversos temas concretos, en función de los intereses comunes que comparten los participantes en el mismo, reciben el nombre de:

A) *Newsgroups*.

B) Foros de debate.

C) *Wikis*.

2.4. La determinación de si un determinado material es o no publicable en una revista científica corresponde, en general, al:

A) Director de la publicación.

B) Consejo editorial.

C) Consejo de redactores.

2.5. El índice elaborado por el CSIC en el que se clasifican las editoriales de libros científicos se denomina:

A) SPI.

B) CSIC Scholar.

C) SIPCSIC.

2.6. La cualidad según la cual los textos son publicados de forma que puedan ser leídos de manera sencilla es la llamada:

A) Claridad textual.

B) Comprensión lectora.

C) Legibilidad.

2.7. Las colecciones de documentos en formato digital que permiten a los usuarios interesados en acceder a los mismos con independencia del lugar y del momento en que estos se encuentren son las:

A) Bibliotecas generales.

B) Bibliotecas virtuales.

C) Bibliotecas 2.0.

2.8. El concepto de PageRank en Google se halla vinculado con:

A) El número de enlaces que existan dirigidos a una página concreta desde sitios externos.

B) El número de veces que se repite una palabra clave en una página web.

C) El número de veces que una página web es mencionada en otras páginas web.

2.9. La agrupación de noticias relevantes en materia de consumo que pueden ser remitidas a los usuarios que previamente se hayan registrado se efectúa mediante aplicaciones:

A) Virtuales.

B) SEM.

C) RSS.

2.10. La participación de moderadores en un foro:

A) Siempre es positiva respecto a la fluidez del foro.

B) Siempre es negativa respecto a la fluidez del foro.

C) Ha de emplearse de forma adecuada a cada situación.

ACTIVIDADES PRÁCTICAS

2.1. Busca blogs que tengan relevancia especial para tu sector económico. Analiza las principales características de cada uno y el tipo de información relevante que aporta.

2.2. Usando la aplicación Blogger, crea un sencillo blog sobre un tema de consumo que sea de tu interés. Toma ideas para diseñarlo de los blogs que has observado en el ejercicio anterior.

2.3. Indica formas en las que puedes favorecer la presentación de quejas, reclamaciones y sugerencias en tu empresa y, en sentido contrario, medidas para dificultar dicha presentación.

3. Técnicas de catalogación y archivo de información y documentación aplicadas a los sistemas de información en consumo

Contenido

La información y documentación existente en materia de consumo puede almacenarse en diversos formatos, tanto físicos como digitales. Dicho almacenamiento responde a una serie de procedimientos y criterios que se desarrollarán a continuación en este capítulo.

3.1. Determinación de contenidos y tipo de documentos que archivar: casuística de la información en consumo

En materia de consumo existe una diversidad de documentos en los cuales se recoge la actuación de las entidades públicas y privadas, así como de las personas físicas.

Dicha documentación puede tener diversas finalidades:

- Bases de datos jurídicos: en las que se encuentra la serie de normativa aplicable a la materia de consumo, tanto la vigente en cada momento como la vigente en momentos anteriores.

- Análisis jurídicos: informes realizados por expertos en la materia en los que se analizan las normas jurídicas en el campo de los consumidores y usuarios. Estas publicaciones tienen por objeto servir de ayuda para la adecuada interpretación de las normas aplicables en este campo y para realizar análisis comparados tanto de normativa como de jurisprudencia.

- Estudios socioeconómicos: se aborda la materia de consumo desde las perspectivas de la sociología y la economía. Se analizan las tendencias vigentes o pasadas de consumo de una determinada comunidad de individuos y el modo en que las mismas evolucionan en función de las cambiantes realidades de estas disciplinas.

- Solicitudes de parte: las peticiones realizadas en materia de consumo por parte de las personas interesadas. Se incluyen tanto reclamaciones en materia de consumo como solicitudes de arbitraje o peticiones de información, entre otro tipo de documentos.

- Encuestas: en las que se recogen las opiniones de los actores intervinientes en esta materia, realizadas con el objetivo de conocer las tendencias de pensamiento de los diversos intervinientes en el campo del consumo.

- Publicaciones periódicas: que incluyen las revistas que, con la periodicidad correspondiente en cada caso, se editan en materia de consumo.

- Monografías: libros y publicaciones monográficas tales como tesis doctorales que abordan las diversas realidades vinculadas al área de los consumidores y usuarios.

3.2. Sistemas de registro de la información y documentación en consumo

La información en materia de consumo ha de ser almacenada y gestionada de forma que se acceda a la misma con la máxima eficacia y eficiencia. La recopilación de esta información podrá llevarse a cabo en soporte tradicional o en soporte informático, optimizando en todo caso las características de cada uno de los mismos.

3.2.1. Conceptos y características

El registro de la información en materia de consumo, en lo que respecta a las Administraciones públicas, se encuentra regulado con el objetivo de facilitar a los ciudadanos la presentación de escritos ante los organismos correspondientes para ejercer los derechos que les son otorgados por la normativa aplicable.

Los órganos administrativos llevarán un registro general en el que se hará el correspondiente asiento de todo escrito o comunicación que sea presentado o que se reciba en cualquier unidad administrativa propia. También se anotarán la salida de los escritos y las comunicaciones oficiales dirigidas a otros órganos o particulares.

Los órganos administrativos podrán crear en las unidades administrativas correspondientes de su propia organización otros registros con el fin de facilitar la presentación de escritos y comunicaciones. Dichos registros serán auxiliares del registro general, al que comunicarán toda anotación que efectúen.

Los asientos se anotarán respetando el orden temporal de recepción o salida de los escritos y comunicaciones, e indicarán la fecha del día de la recepción o salida.

Concluido el trámite de registro, los escritos y comunicaciones serán cursados sin dilación a sus destinatarios y a las unidades administrativas correspondientes desde el registro en que hubieran sido recibidas.

Los registros generales, así como todos los registros que las Administraciones públicas establezcan para la recepción de escritos y comunicaciones de los particulares o de órganos administrativos, deberán instalarse en soporte informático.

El sistema garantizará la constancia, en cada asiento que se practique, de un número, epígrafe expresivo de su naturaleza, fecha de entrada, fecha y hora de su presentación, identificación del interesado, órgano administrativo remitente, si procede, y persona u órgano administrativo al que se envía, y, en su caso, referencia al contenido del escrito o comunicación que se registra.

Asimismo, el sistema garantizará la integración informática en el registro general de las anotaciones efectuadas en los restantes registros del órgano administrativo.

LUGARES DE PRESENTACIÓN

Los ciudadanos tienen derecho a presentar las solicitudes, escritos y comunicaciones que dirijan a los órganos de cualquier Administración pública o de las entidades de derecho público vinculadas o dependientes de ellas, así como la documentación complementaria que acompañen a aquellas, en cualquiera de los siguientes lugares del ámbito de la Administración General del Estado:

- En las oficinas de registro del órgano administrativo al que se dirijan.

- En las oficinas de registro de cualquier órgano administrativo perteneciente a la Administración General del Estado, o de los organismos públicos vinculados o dependientes de aquella.

- En las oficinas de correos, en la forma establecida reglamentariamente.

- En las representación diplomáticas y oficinas consulares de España en el extranjero.

- En cualquier otro que establezcan las disposiciones vigentes.

Asimismo, los ciudadanos pueden presentar solicitudes, escritos y comunicaciones dirigidos a la Administración General del Estado y a sus organismos públicos en los siguientes lugares:

- En los registros de las Administraciones de las comunicaciones autónomas.

- En los registros de las entidades que integran la Administración local; siempre que previamente se haya suscrito el correspondiente convenio.

- A través de la ventanilla única regulada en el artículo 18 de la Ley 17/2009, de 23 de noviembre, sobre el libre acceso a las actividades de servicios y su ejercicio en relación solamente con los servicios incluidos en el ámbito de aplicación de dicha norma.

Mediante convenios de colaboración suscritos entre las Administraciones públicas se establecerán sistemas de intercomunicación y coordinación de registros que garanticen su compatibilidad informática, así como la transmisión telemática de los asientos registrales y de las solicitudes, escritos, comunicaciones y documentos que se presenten en cualquiera de los registros.

Para la eficacia de los derechos de obtener copia sellada de los documentos que presenten, aportándola junto con los originales, así como a la devolución de estos, salvo cuando los originales deban obrar en el procedimiento de la Ley de Propiedad Intelectual a los ciudadanos, estos podrán acompañar una copia de los documentos que presenten junto con sus solicitudes, escritos y comunicaciones.

Dicha copia, previo cotejo con el original por cualquiera de los registros competentes, será remitida al órgano destinatario devolviéndose el original al ciudadano. Cuando el original deba obrar en el procedimiento, se entregará al ciudadano la copia del mismo, una vez sellada por los registros mencionados y previa comprobación de su identidad con el original.

Cada Administración pública establecerá los días y el horario en que deban permanecer abiertos sus registros, garantizando el derecho de los ciudadanos a la presentación de documentos.

Podrán hacerse efectivas además de por otros medios, mediante giro postal o telegráfico, o a través de transferencia dirigida a la oficina pública correspondiente, cualesquiera tributos que haya que satisfacer en el momento de la presentación de solicitudes y escritos a las Administraciones públicas.

Las Administraciones públicas deberán hacer pública y mantener actualizada una relación de las oficinas de registro propias o concertadas, sus sistemas de acceso y comunicación, así como los horarios de funcionamiento.

MEDIOS DE PRESENTACIÓN

La presentación de solicitudes, escritos, comunicaciones y documentos en cualquiera de los lugares indicados anteriormente se podrá efectuar por los siguientes medios:

- En soporte papel.
- Por medios informáticos, electrónicos o telemáticos, de acuerdo con lo previsto legalmente acerca de la utilización de técnicas electrónicas, informáticas y telemáticas en la Administración pública.

  En las oficinas de registro anteriormente citadas se pondrá a disposición de aquellas personas que pretendan la presentación simultánea de un número superior a 10 solicitudes, escritos o comunicaciones un modelo para que relacionen aquellas, numerándolas y especificando la identidad de los interesados, los órganos destinatarios, así como un extracto de los contenidos.

EFECTOS DE LA PRESENTACIÓN

- La fecha de entrada de las solicitudes, escritos y comunicaciones dirigidos a la Administración General del Estado y a sus organismos públicos en los lugares previstos legalmente producirá efectos, en su caso, en cuanto al cumplimiento de los plazos de los ciudadanos.

- La fecha de entrada de las solicitudes, escritos y comunicaciones a los que se refiere el apartado anterior en las oficinas de registro del órgano competente para su tramitación producirá como efecto el inicio del cómputo de los plazos que haya de cumplir la Administración, y, en particular, del plazo máximo para notificar la resolución expresa.

- A este respecto, en el ámbito de los departamentos ministeriales se entiende por registro del órgano competente para la tramitación cualquiera de los pertenecientes al departamento competente para iniciar aquella, con la excepción de los correspondientes a sus organismos públicos.

RECIBOS DE PRESENTACIÓN

- La expedición de los recibos acreditativos de la fecha de presentación de cualquier solicitud, escrito o comunicación, a los que se refiere Ley 39/2015, de 1 de octubre, del Procedimiento Administrativo Común de las Administraciones Públicas se efectuará en el mismo momento de la presentación de la solicitud, escrito o comunicación.

- Cuando la solicitud, escrito o comunicación esté en soporte papel y la presentación se efectúe por el ciudadano o su representante acompañando una copia, el recibo consistirá en la mencionada copia en la que se hará constar el lugar de presentación, así como la fecha.

- En este supuesto, el órgano competente para expedir el recibo deberá verificar la exacta concordancia entre el contenido de la solicitud, escrito o comunicación original y el de su copia.

- Si el ciudadano o su representante no la aportase, el órgano competente podrá optar por realizar una copia de la solicitud, escrito o comunicación con iguales requisitos que los señalados en el párrafo anterior o por la expedición de un recibo en el que además conste el remitente, el órgano destinatario y un extracto del contenido de la solicitud, escrito o comunicación.

- Cuando, en los supuestos previstos legalmente, el ciudadano efectúe la presentación a través de soportes, medios o aplicaciones informáticas, electrónicas o telemáticas, el recibo se expedirá de acuerdo con las características del soporte, medio o aplicación y deberá reunir los requisitos expresados en los apartados anteriores.

APORTACIÓN DE DOCUMENTOS ORIGINALES AL PROCEDIMIENTO

- Cuando las normas reguladoras del correspondiente procedimiento o actuación administrativa requieran la aportación de documentos originales por los ciudadanos, estos tendrán derecho a la expedición por las oficinas de registro de una copia sellada del documento original en el momento de su presentación. Las oficinas de registro no estarán obligadas a expedir copias selladas de documentos originales que no acompañen a las solicitudes, escritos o comunicaciones presentadas por el ciudadano.

- Para el ejercicio de este derecho el ciudadano aportará, junto con el documento original, una copia del mismo.

- La oficina de registro cotejará la copia y el documento original, comprobando la identidad de sus contenidos, unirá el documento original a la solicitud, escrito o comunicación al que se acompañe para su remisión al órgano destinatario y entregará la copia al ciudadano, una vez diligenciada con un sello en el que consten los siguientes datos:

  - Fecha de entrega del documento original y lugar de presentación.

  - Órgano destinatario del documento original y extracto del objeto del procedimiento o actuación para cuya tramitación se aporta.

  - La oficina de registro llevará un registro expresivo de las copias selladas que expida, en el que anotará los datos señalados en el párrafo anterior.

- La copia sellada acreditará que el documento original se encuentra en poder de la Administración correspondiente, siendo válida a los efectos del ejercicio por el ciudadano del derecho reconocido en el artículo 53.1.a) de la Ley 39/2015, de 1 de octubre, del Procedimiento Administrativo Común de las Administraciones Públicas, así como para solicitar, en su caso, la devolución del documento original una vez finalizado el procedimiento o actuación o de acuerdo con lo que disponga la normativa de aplicación.

- La copia sellada será entregada a la Administración correspondiente en el momento en que el documento original sea devuelto al interesado. Si se produjera la pérdida o destrucción accidental de la copia, su entrega se sustituirá por una declaración aportada por el ciudadano en la que exponga por escrito la circunstancia producida.

APORTACIÓN DE COPIAS COMPULSADAS AL PROCEDIMIENTO

- Cuando las normas reguladoras de un procedimiento o actividad administrativa requieran la aportación de copias compulsadas o cotejadas de documentos originales, el ciudadano podrá ejercer su derecho a la inmediata devolución de estos últimos por las oficinas de registro en las que se presente la solicitud, escrito o comunicación a la que deba acompañar la copia compulsada, con independencia del órgano, entidad o Administración destinataria. Las oficinas de registro no estarán obligadas a compulsar copias de documentos originales cuando dichas copias no acompañen a solicitudes, escritos o comunicaciones presentados por el ciudadano.

- Para el ejercicio de este derecho el ciudadano aportará, junto con el documento original, una copia del mismo.

- La oficina de registro realizará el cotejo de los documentos y copias, comprobando la identidad de sus contenidos, devolverá el documento original al ciudadano y unirá la copia, una vez diligenciada con un sello o acreditación de compulsa, a la solicitud, escrito o comunicación a la que se acompañe para su remisión al destinatario.

- El sello o acreditación de compulsa expresará la fecha en que se practicó, así como la identificación del órgano y de la persona que expiden la copia compulsada.

- La copia compulsada tendrá la misma validez que el original en el procedimiento concreto de que se trate, sin que en ningún caso acredite la autenticidad del documento original.

- En el acceso a las actividades de servicios, en el caso de documentos emitidos por una autoridad competente que entren en el ámbito de aplicación del derecho relativo al libre acceso a las actividades de servicios y su ejercicio, no se exigirá la presentación de documentos originales o copias compulsadas ni traducciones juradas, salvo en los casos previstos por la normativa comunitaria, o justificados por motivos de orden público y de seguridad pública. No obstante, la autoridad competente podrá recabar de otra autoridad competente la confirmación de la autenticidad del documento aportado.

COPIAS AUTÉNTICAS DE DOCUMENTOS PÚBLICOS ADMINISTRATIVOS

- Los ciudadanos podrán, en cualquier momento, solicitar la expedición de copias auténticas de los documentos públicos administrativos que hayan sido válidamente emitidos por los órganos de la Administración General del Estado y por los organismos públicos vinculados o dependientes de ella.

- Las copias auténticas de los documentos públicos administrativos tienen la misma validez y eficacia que estos, produciendo idénticos efectos frente a las Administraciones públicas y los interesados.

- La expedición se solicitará al órgano administrativo o al organismo público que emitió el documento original. Dicho órgano expedirá la copia previa comprobación en sus archivos de la existencia del original o de los datos en él contenidos.

- En el supuesto de que, por el tiempo trascurrido, el documento original o los datos en él contenidos obrasen en un archivo general, histórico y organismo similar, la solicitud será cursada al correspondiente archivo para la expedición, en su caso, de la copia auténtica.

- La copia auténtica podrá consistir en la transcripción íntegra del contenido del documento original o en una copia realizada por cualquier medio informático, electrónico o telemático. En ambos casos figurará la acreditación de la autenticidad de la copia identificando el órgano, archivo y organismo que la expide y la persona responsable de tal expedición.

- La copia auténtica de aquellos documentos que contengan datos nominativos podrá ser solicitada por los titulares de tales datos o por terceros que acrediten un interés legítimo en su obtención. Cuando el documento contenga datos personales que pudieran afectar a la intimidad de los titulares la copia solo podrá ser solicitada por estas. Si los datos contenidos en el documento afectaran también a la intimidad de personas diferentes del solicitante, solo se expedirá la copia previo consentimiento de los restantes afectados.

- La solicitud podrá ser denegada por resolución motivada que pondrá fin a la vía administrativa cuando concurran razones de protección del interés público o de protección de intereses de terceros, cuando así lo disponga una norma legal o reglamentaria y, en todo caso, en los siguientes supuestos:

  - Inexistencia o pérdida del documento original o de los datos en él contenidos.

  - Copias de documentos emitidos en el curso de la investigación sobre delitos, cuando la expedición de la copia pudiera poner en peligro la protección de los derechos y libertades de terceros o las necesidades de las investigaciones que se estén realizando.

- Copias de documentos que contengan información sobre materias protegidas por el secreto comercial o industrial, así como relativa a actuaciones administrativas derivadas de la política monetaria.

- Copias de documentos que contengan datos sanitarios personales, en aquellos casos en que las disposiciones específicas que los rigen impidan ejercer el derecho de acceso.

- En el plazo máximo de un mes contado desde la recepción de la solicitud deberán expedirse las copias auténticas o notificarse la resolución que deniegue las mismas.

- La expedición de copias auténticas de documentos que obren en los Registros Civil, Mercantil, de la Propiedad, de Venta a Plazos de Bienes Muebles, de Hipoteca Mobiliaria y Prenda sin Desplazamiento, de Condiciones Generales de la Contratación, de la Propiedad Intelectual, Central de Penados y Rebeldes, de la Oficina Española de Patentes y Marcas, así como en los archivos sometidos a la normativa sobre materias clasificadas, se regirá por las disposiciones específicas reguladoras de dichos registros.

3.2.2. Tipología. Reclamaciones u otra documentación

Las hojas de reclamaciones, así como las solicitudes de arbitraje son la principal clase de documentación que, en materia de consumo, presentan los ciudadanos ante los organismos públicos competentes en materia de consumo.

HOJAS DE RECLAMACIONES

La legislación en materia de hojas de reclamaciones es de competencia autonómica, si bien las características fundamentales de las normas son muy similares.

Las hojas de reclamaciones se ajustarán al modelo que se establezca y, en todo caso, deberán contener la identificación del organismo emisor de la hoja, el anagrama de identificación de la comunidad autónoma y el espacio para la identificación de las partes reclamante y reclamado, y para las alegaciones de las mismas.

CARTEL INFORMATIVO DE EMPRESARIOS O PROFESIONALES

- Todas las personas físicas o jurídicas que deban disponer de hojas de reclamaciones, deberán exhibir, en el establecimiento o lugar donde proceda de modo permanente y perfectamente visible al público, un cartel en el que figure de forma legible la leyenda «Existen hojas de reclamaciones a disposición del consumidor». Dicho cartel, que se ajustará al modelo oficial que se establezca, será facilitado por la Administración competente para su emisión.

OBTENCIÓN DE HOJAS DE RECLAMACIONES POR LAS PERSONAS FÍSICAS Y JURÍDICAS OBLIGADAS

- Para la obtención de las hojas de reclamaciones, las personas físicas y jurídicas obligadas deberán dirigirse a los organismos administrativos, corporaciones de derecho público u organizaciones competentes, aportando la documentación acreditativa del ejercicio de la actividad profesional o empresarial.

ENTREGA DE HOJAS DE RECLAMACIONES A LOS CONSUMIDORES

- El profesional, la persona responsable o cualquier empleado del establecimiento deberá facilitar de manera obligatoria y gratuita al consumidor que se lo solicite, un juego de hojas de reclamaciones con el fin de que formule la reclamación que considere pertinente.

- A tal efecto, las personas físicas y jurídicas obligadas deberán disponer de hojas de reclamaciones en todos los establecimientos, locales o dependencias abiertas al público, sin que pueda remitirse a los consumidores a otros lugares distintos.

- Cuando las personas físicas y jurídicas obligadas no dispongan de hojas de reclamaciones o se negasen a facilitarlas, el consumidor o usuario podrá dirigir la reclamación directamente a la Administración competente, utilizando el medio que considere más adecuado y haciendo constar aquellas circunstancias. No obstante lo anterior, el consumidor podrá requerir la presencia del cuerpo policial competente para que acredite las referidas circunstancias.

CUMPLIMENTACIÓN DE LA RECLAMACIÓN

- Con carácter previo a su entrega al consumidor, el titular o empleado del establecimiento o dependencia deberá cumplimentar debidamente el recuadro correspondiente a la identificación del establecimiento y del prestador del servicio.

- El consumidor cumplimentará el resto de la hoja de reclamaciones en el establecimiento, local o dependencia en donde lo solicite, haciendo constar su nombre, apellidos, domicilio, número del documento nacional de identidad o pasaporte, así como los demás datos que se incluyen en el modelo. Deberá exponer claramente los hechos que han motivado la queja, con expresión de la fecha en que ocurrieron, y concretar su solicitud sin que ello suponga limitar el ámbito de la actuación administrativa.

- El titular o empleado del establecimiento o dependencia consignará, en su caso, en el apartado correspondiente, las alegaciones que considere pertinentes y procederá a firmar y sellar el juego de hojas de reclamaciones, y a su entrega al consumidor.

REMISIÓN DE LAS HOJAS DE RECLAMACIONES

- Cumplimentada la hoja de reclamaciones, el consumidor entregará el ejemplar para el establecimiento a su titular o empleado y conservará en su poder los ejemplares para la Administración y para el reclamante. El consumidor dirigirá a la Administración el ejemplar correspondiente, en los términos previstos en la legislación, y conservará el suyo.

- Junto con las hojas de reclamaciones el consumidor deberá presentar la factura o justificante de pago, el contrato, los folletos informativos, el documento de garantía y cuantas pruebas o documentos sirvan para mejorar la valoración de los hechos.

TRAMITACIÓN ADMINISTRATIVA DE LAS RECLAMACIONES

- Recibida la reclamación en el organismo competente y en función del contenido de la misma o de la solicitud del reclamante, podrá iniciarse la mediación como sistema operativo de resolución voluntaria de conflictos y reclamaciones en materia de consumo.

- Cuando en la hoja de reclamaciones se denuncien presuntas infracciones en materia de defensa de los consumidores o pueda deducirse la presunta comisión de las mismas, el órgano competente iniciará las acciones pertinentes para la determinación, conocimiento y comprobación de los hechos y, en su caso, la iniciación del correspondiente procedimiento sancionador, todo ello de acuerdo con la normativa reguladora del procedimiento sancionador, sin perjuicio de las responsabilidades civiles, penales o de otro orden en que pudiera incurrir el presunto infractor.

- La comunicación a la parte reclamada de la iniciación de un procedimiento mediador o de un procedimiento sancionador interrumpirá el plazo de prescripción de la infracción.

ARCHIVO DE LA RECLAMACIÓN

- El desistimiento del reclamante, la avenencia o la falta de acuerdo entre las partes o el sometimiento de la cuestión a arbitraje de consumo implicarán el archivo de la reclamación, sin perjuicio de lo dispuesto en Ley 39/2015, de 1 de octubre, del Procedimiento Administrativo Común de las Administraciones Públicas, y de las responsabilidades administrativas, civiles o penales en que pueda haber incurrido, en su caso, el presunto infractor.

OMIC
Oficina Municipal de
Información al Consumidor

Ayuntamiento de **Valladolid**
Área de Desarrollo Sostenible
y Coordinación Territorial.
Servicio de Salud y Consumo.
Sección de Consumo - OMIC

HOJA DE RECLAMACIÓN

Para su tramitación es imprescindible que figure el DNI / NIF / CIF del reclamado y del reclamante

Datos del reclamado (empresa):

Nombre del establecimiento		**N.I.F. o C.I.F.**
Dirección del establecimiento: Calle, nº y piso	**C.P., localidad y provincia**	**Teléfono**
Nombre o razón social del titular	**E-mail**	**Fax**

Datos del reclamante (consumidor):

Nombre y apellidos del reclamante		**D.N.I. o pasaporte**
Dirección del reclamante: Calle, nº y piso	**C.P., localidad y provincia**	**Teléfono**
E-mail		**Fax**

Motivo de la reclamación (describir los hechos):

Solicita (concretar la petición):

Documentación que se adjunta (fotocopia de facturas, contrato, folletos, etc.):

Ejemplar para la Administración

El/la abajo firmante solicita y autoriza a esta OMIC su intervención y mediación ante la empresa reclamada u organismo competente.

En ________________, a ____ de ________________ de 20___

Firma del reclamante:

OMIC. Mercado del Campillo. C/ Hostieros, 1. 47004 - Valladolid / Tfno.: 983 303 944 / Fax: 983 204 646 / E-mail: omic@ava.es / Web: www.omicvalladolid.es

Figura 3.1. Hoja de reclamación.

ARBITRAJE DE CONSUMO

El arbitraje de consumo es el sistema extrajudicial de resolución de conflictos entre los consumidores y usuarios y los empresarios o profesionales a través del cual, sin formalidades especiales y con carácter vinculante y ejecutivo para ambas partes, se resuelven las reclamaciones de los consumidores y usuarios, siempre que el conflicto no verse sobre intoxicación, lesión o muerte o existan indicios racionales de delito.

PRESENTACIÓN DE LA SOLICITUD

- Los consumidores y usuarios, que consideren que se han vulnerado sus derechos reconocidos legal o contractualmente, podrán presentar por escrito, por vía electrónica a través del procedimiento previsto o por cualquier otro medio que permita tener constancia de la solicitud y de su autenticidad la solicitud de arbitraje, que deberá reunir al menos los siguientes requisitos:
    - Nombre y apellidos, domicilio, lugar señalado a efectos de notificaciones y nacionalidad del solicitante, y, en su caso, de su representante; en el caso de ciudadanos españoles, se expresará el número del documento nacional de identidad y, tratándose de extranjeros, se expresará el número de identidad de extranjero o, en su defecto, el de su pasaporte o documento de viaje.
    - Nombre y apellidos o razón social y domicilio del reclamado, así como, si fuera conocido por el reclamante, el domicilio a efecto de notificaciones, o, en último caso, si el consumidor o usuario no dispone de tales datos, cualquier otro que permita la identificación completa del reclamado.
    - Breve descripción de los hechos que motivan la controversia, exposición sucinta de las pretensiones del reclamante, determinando, en su caso, su cuantía y los fundamentos en que basa la pretensión.
    - En su caso, copia del convenio arbitral.
    - En el caso de que existiera oferta pública de adhesión al arbitraje en derecho, el reclamante deberá indicar si presta su conformidad a que se resuelva de esta forma.
    - Lugar, fecha y firma, convencional o electrónica.
- Si la solicitud de arbitraje se formula por escrito deberá presentarse, junto con la documentación que la acompañe, por duplicado.
- Si la solicitud no reuniera los requisitos mínimos exigidos en el apartado anterior, el secretario de la Junta Arbitral de Consumo requerirá al reclamante su subsanación en un plazo que no podrá exceder de 15 días, con la advertencia de que de no subsanarse en el plazo concedido se le tendrá por desistido de la solicitud, procediéndose al archivo de las actuaciones. Junto a la solicitud podrán aportarse o proponer las pruebas de que el reclamado intente valerse.

- Las juntas arbitrales de consumo dispondrán de modelos normalizados para facilitar, al menos, la solicitud y la contestación a esta, así como la aceptación del arbitraje en caso de que se trate de una empresa no adherida al Sistema Arbitral de Consumo.

- Admitida la solicitud de arbitraje y verificada la existencia de convenio arbitral válido, el presidente de la Junta Arbitral de Consumo designará al árbitro o árbitros que conocerán el conflicto, notificando a las partes tal designación. La designación de los árbitros podrá realizarse en la resolución de inicio del procedimiento arbitral.

- La designación deberá recaer en árbitros especializados cuando, conforme a los criterios establecidos por el Consejo General del Sistema Arbitral de Consumo, el conflicto deba ser conocido por un órgano arbitral especializado.

- El presidente de la Junta Arbitral de Consumo podrá acordar la acumulación de las solicitudes presentadas frente a un mismo reclamado en las que concurra idéntica causa de pedir, para que sean conocidas en un único procedimiento por el órgano arbitral designado al efecto.

PROCEDIMIENTO

- El órgano arbitral dirigirá el procedimiento con sujeción a lo dispuesto en esta norma, pudiendo instar a las partes a la conciliación.

- Las alegaciones presentadas por el reclamado tendrán el valor de contestación a la solicitud de arbitraje y se integrarán, junto con la solicitud y la documentación aportada por las partes, en el procedimiento arbitral.

- De todas las alegaciones escritas, documentos y demás instrumentos que una de las partes aporte a los árbitros se dará traslado a la otra parte. Asimismo, se pondrán a disposición de las partes los documentos, dictámenes periciales y otros instrumentos probatorios en los que el órgano arbitral pueda fundar su decisión.

TERMINACIÓN DE LAS ACTUACIONES Y LAUDO

- La forma y el contenido del laudo que, en todo caso, será motivado, se regirá por lo dispuesto en la Ley 60/2003, de 23 de diciembre, de Arbitraje.

- Si durante las actuaciones arbitrales las partes llegan a un acuerdo que ponga fin, total o parcialmente, al conflicto, el órgano arbitral dará por terminadas las actuaciones con respecto a los puntos acordados, incorporando el acuerdo adoptado al laudo, salvo que aprecie motivos para oponerse.

- El órgano arbitral también dará por terminadas sus actuaciones y dictará laudo poniendo fin al procedimiento arbitral, sin entrar en el fondo del asunto:

- Cuando el reclamante no concrete la pretensión o no aporte los elementos indispensables para el conocimiento del conflicto.

- Cuando las partes acuerden dar por terminadas las actuaciones.

- Cuando el órgano arbitral compruebe que la prosecución de las actuaciones resulta imposible.

- En este laudo se hará constar si queda expedita la vía judicial.

Gobierno de Canarias

Consejería de Empleo, Industria y Comercio
Dirección General de Consumo

JUNTA ARBITRAL DE
CONSUMO DE CANARIAS

EXPTE. Nº_____ / _____ / _____

SOLICITUD DE ARBITRAJE

RECLAMANTE

NOMBRE Y APELLIDOS DEL RECLAMANTE	D.N.I. (adjuntar copia)
NOMBRE Y APELLIDOS DEL REPRESENTANTE DEL RECLAMANTE (a rellenar sólo si lo hubiera, adjuntando acreditación de la representación)	D.N.I (adjuntar copia)

DOMICILIO A EFECTOS DE NOTIFICACIONES (CALLE, NUMERO, ESCALERA, PISO, PUERTA)

CODIGO POSTAL	LOCALIDAD	ISLA	PROVINCIA
TELEFONO FIJO	TELEFONO MÓVIL	FAX	DIRECCIÓN DE CORREO ELECTRÓNICO

RECLAMADO

RAZÓN SOCIAL DE LA EMPRESA	D.N.I. o C.I.F.
DENOMINACIÓN COMERCIAL DE LA EMPRESA (en su caso)	PERSONA DE CONTACTO Y CARGO (en su caso)

DOMICILIO A EFECTOS DE NOTIFICACIONES (CALLE, NUMERO, ESCALERA, PISO, PUERTA)

CODIGO POSTAL	LOCALIDAD	ISLA	PROVINCIA
TELEFONO FIJO	TELEFONO MÓVIL	FAX	DIRECCIÓN DE CORREO ELECTRÓNICO

Al suscribir la presente reclamación el reclamante manifiesta su voluntad de que ésta sea sometida a arbitraje en la Junta Arbitral de Consumo de Canarias, de acuerdo con los preceptos de Real Decreto 231/2008, de 15 de febrero, por el que se regula el Sistema Arbitral de Consumo, comprometiéndose a cumplir el Laudo que se dicte.

El reclamante acepta que se designe un órgano arbitral unipersonal o colegiado, de conformidad con los criterios establecidos en los artículos 19 y 20 del Citado Real Decreto, para que resuelva con carácter vinculante y ejecutivo el conflicto, siendo designado como árbitro vocal, en caso de que se designe órgano colegiado, el que por turno corresponda (art. 21.2 del R.D. 231/08). El arbitraje de consumo es un procedimiento voluntario para las partes salvo adhesión previa al Sistema arbitral de la empresa o profesional. La decisión que se dicte en el procedimiento arbitral supone la renuncia a la efectiva tutela de los Tribunales Ordinarios de Justicia.

Que en nombre propio (o en representación del reclamante anteriormente señalado,) comparece ante esa Junta Arbitral de Consumo y al amparo de los artículos 57 y 58 del Real Decreto Legislativo 1/2007, de 16 de noviembre por el que se aprueba el texto refundido de la Ley General para la Defensa de los Consumidores y usuarios y otras leyes complementarias, y el artículo 34.1 del Real Decreto 231/08, de 15 de febrero, por el que se regula el Sistema Arbitral de Consumo, somete a la decisión arbitral prevista por dichos preceptos, la cuestión litigiosa siguiente:

Figura 3.2. Solicitud de arbitraje.

3.2.3. Flujo documental

La gestión documental hace referencia a la serie de técnicas, protocolos y aplicaciones informáticas que tienen por objeto la adecuada administración del flujo documental durante todo el ciclo de vida de cada documento. La finalidad de la gestión documental es alcanzar los más elevados niveles de eficacia, eficiencia y funcionalidad.

Los sistemas de gestión documental previamente existentes tienen muchas características en común con la tradicional fórmula de archivo en ficheros, con la diferencia de que cabe hacer búsquedas a través de los índices de dichos documentos, recuperar previas versiones de cada uno de los documentos y acceder a los documentos desde cualquier punto a través de la red de internet.

Los sistemas de gestión documental tienen la capacidad de vincular la información existente en las bases de datos existentes en aplicaciones tipo ERP (*Enterprise Resource Planning*) con cada uno de los documentos que entran a formar parte del flujo documental de una empresa.

La meta que se debe alcanzar por una adecuada gestión documental es la organización, localización, almacenamiento de la documentación, lo que plantea una dificultad adicional respecto a los documentos generados en el ámbito de un sistema ERP, dado que carecen de una adecuada clasificación de su contenido y no se hallan normalizados. Se denomina información desestructurada.

En función de la empresa u organización concreta de que se trate, las empresas o entidades públicas pueden contar con un porcentaje más o menos relevante de información desestructurada, por lo que la gestión documental alcanzará en algunas empresas una importancia fundamental en el área de la gestión administrativa.

Un sistema adecuado de gestión documental habrá de contar con los medios de almacenamiento, indexación, sistemas de seguridad y facilidad de recuperación.

Dentro del aspecto de la seguridad, será básico que se asegure la integridad de cada uno de los documentos que integran el flujo documental de la empresa (impidiendo que se produzcan desapariciones de los documentos o el acceso a documentos por parte de personas que no cuenten con las correspondientes autorizaciones).

La indexación permitirá que los documentos sean recuperados con precisión y rapidez cuando sea necesario a través de búsquedas basadas en texto, en su origen o en otras variables.

En la actualidad, numerosas empresas emplean *software* de gestión documental, los denominados gestores documentales, que hacen posible la publicación, utilización y conservación, bien se trate de documentos generados originalmente en formato digital o que, posteriormente, hubiesen sido digitalizados.

El término gestión documental es frecuentemente usado en su versión inglesa, *Enterprise Content Management*, EGM, dado que la aplicación no utiliza únicamente documentos de texto, sino, además, otras modalidades tales como vídeos, imágenes, dibujos, mapas o planos.

Los gestores documentales permiten aplicar tecnologías tales como la semántica, el procesamiento de archivos de imagen y la interpretación del lenguaje natural a la gestión de los documentos, así como del conocimiento. Ello implicará la automatización de actividades administrativas vinculadas con la captura y posterior clasificación de los documentos, así como el procesamiento de la información que se encuentra en la documentación que no se halla estructurada.

La base de funcionamiento de la gestión documental es buscar la solución a las dificultades que se derivan del manejo de los documentos empresariales a lo largo de todo el flujo de los mismos. Las aplicaciones más avanzadas incluyen el sistema de gestión documental complementado con una herramienta de captura y la adecuada infraestructura informática en relación con la distribución, conservación y gestión de los procesos de negocio, con la correspondiente reducción de costes que de ello se deriva para la empresa.

Las ventajas más destacadas de realizar una gestión documental empleando aplicaciones informáticas especializadas son las siguientes:

- La clasificación de los documentos y la ubicación en la carpeta destinada específicamente para ello se realiza de forma totalmente automatizada.

- La introducción manual de metadatos, que implica la extracción de la información acerca del contenido de un documento, que permitirá su identificación, descripción y posterior selección se efectúa por la aplicación.

- Dirige la información hacia las personas o departamentos que lo requieran, enviando los documentos mediante un flujo de trabajo o remitiendo información que ha sido extraída de los documentos a aplicaciones tales como SAP o Navision.

- Reducción del tiempo empleado en efectuar búsquedas, al ser localizados mediante la identificación de documentos y contenidos tal como lo efectuaría una persona física, en base a la herramienta de la semántica.

3.2.4. Fases: captación, registro, actualización, modificación y consulta

En el desarrollo de la gestión documental existe una serie de fases por las cuales se va a atravesar y que se detallan a continuación:

- Captación: en este momento es fundamental el empleo de escáneres que permiten la conversión de los documentos que se encuentren en soporte papel a documentos en soporte digital. Deben tenerse presentes las necesidades de la empresa o institución en cuanto al número de documentos que escanear en orden a la elección de uno u otro modelo, ya que la velocidad de escaneo difiere considerablemente entre unos y otros. En algunos casos, puede optarse por subcontratar la labor de escaneado de documentos a una empresa especializada.

  Los escáneres para uso profesional cuentan con una velocidad de trabajo muy superior al de los destinados a uso doméstico.

  Las tres modalidades de escáner más utilizadas son las siguientes:

  - Plano: escanea el documento situándolo de cara al panel de vidrio. Existe en diversos formatos, en función de las necesidades del usuario respecto del tamaño de los documentos que se van a escanear. Se trata del modelo de escáner más empleado.

  - Manual: se desplazan manualmente a lo largo del documento que se desea escanear, en todo o en parte.

  - Con alimentador de documentos: los documentos se introducen en el dispositivo mediante un alimentador, facilitando el trabajo del operador. En algunos modelos se pueden escanear documentos de identificación personal.

- Registro: la empresa o institución, una vez recibido el documento físico o bien el documento escaneado, en un formato digital, deberá registrarlo de forma adecuada, con el objetivo de ser correctamente clasificado, con lo que el mismo podrá ser recuperado de forma rápida y eficaz en el momento en el que el documento haya de ser consultado.

La forma más habitual de registrar un documento físico es dotarlo de un número de registro, el cual es seriado y, tras lo cual, es inscrito en un libro registro. En el caso de los documentos escaneados, debe dotarse a los archivos informáticos de una descripción completa de los mismos que faciliten su identificación y localización.

- Actualización: la información que se encuentra en una base de datos de una organización ha de ser actualizada con una determinada frecuencia, en función de su naturaleza. Por ejemplo, si se cuenta con información acerca de los hábitos de consumo de una concreta comunidad, será preciso proceder a una actualización de los datos de forma que en las bases de datos de la organización se contengan los más recientes y relevantes. Lo mismo puede afirmarse de otro tipo de información tales como las legislativas.

- Modificación: muchos datos almacenados en una organización han de ser modificados cuando los mismos han sufrido alteraciones. Tal es el caso de las direcciones postales o electrónicas de las personas físicas o jurídicas de quienes se registran datos o de la situación familiar o la estructura societaria de dichos sujetos. La no actualización de los datos puede suponer una dificultad a la hora de efectuar consultas o estadísticas en las que se pretenda conseguir resultados coherentes. Del mismo modo, el envío o requerimiento de información necesita una base de datos que recoja las modificaciones que se hayan producido.

- Consulta: los documentos han de ser archivados, con independencia del formato en que hayan sido almacenados, de forma que se puedan recuperar en un modo ágil. Para ello deberá etiquetarse correctamente, siguiendo los criterios que se exponen en el presente manual.

3.2.5. Funciones y servicios que desarrollan

Los sistemas de información de cualquier organización desarrollan las siguientes funciones y servicios:

- Entrada de los datos: los diferentes datos se integran en el sistema de información para reflejar tanto el tráfico documental como los hechos que se desarrollan en el ámbito de la realidad que a cada organización afecta.

  Dicha captura de datos deberá realizarse a través de los medios humanos o electrónicos que se consideren más adecuados en función de la naturaleza de los datos que se va a introducir. Tras la introducción de los datos, se verificará la posible existencia de errores mediante el correspondiente sistema de control.

  Para maximizar el funcionamiento del sistema de información, los datos serán introducidos una única vez, tras lo cual el sistema lo compartirá con todas las bases de datos del mismo para las cuales el dato sea relevante.

- Almacenamiento de datos: los sistemas de información almacenan una gran cantidad de datos que son necesarios para exponer la actividad desarrollada por la organización. El almacenamiento puede realizarse tanto en dispositivos situados en la propia empresa como empleando sistemas de almacenamiento en la nube.

- Cálculo: se emplean los datos para obtener conclusiones que sean útiles para la organización, por ejemplo, mediante la obtención de estadísticas a partir de los citados datos.

- Presentar la información: se muestran los datos a los usuarios de manera que los mismos puedan consultarlos para desarrollar las actividades de que se traten. En este sentido, ha de diseñarse la interface del programa de forma que el modo en que son presentados los datos ofrezca la información relevante de manera clara, estructurada y legible para los usuarios.

- Comunicaciones: la información almacenada en la base de datos ha de transmitirse mediante los medios tecnológicos que corresponda en cada caso a las personas que hayan de usar los mismos dentro de la organización. Habrá casos en los que todas estas personas se hallen en la sede de la empresa, en otras, se tratará de distintas delegaciones de la misma y, cada vez con más frecuencia, se requerirá que los datos puedan ser consultados desde dispositivos móviles.

3.2.6. Los archivos físicos e informáticos de la información

Tal como se expone en otros apartados del manual, los documentos, en función de su naturaleza, pueden ser archivados en forma física o digital.

En formatos físicos, los documentos se reúnen en archivos, dentro de los cuales, los mismos pueden preservarse mediante diferentes sistemas de conservación, por ejemplo:

- Paquetes.
- Legajos.
- Cajas.
- Carpetas.
- Tubos.
- Sobres y bolsas.
- Encuadernaciones.

Existen diferentes formas de llevar a cabo el almacenamiento digital. Las principales son las siguientes:

- Memorias SD.
- Discos duros.
- Dispositivos USB.

- Discos duros externos.

- Sistema DAS.

- Sistemas NAS.

- Sistemas SAN.

- Almacenamiento en la nube.

3.3. Ventajas e inconvenientes del soporte informático frente a los soportes convencionales

Los factores que hay que tener presentes en el momento de determinar las ventajas y desventajas del sistema tradicional del soporte informático frente al sistema tradicional son los siguientes:

- Acceso a la información: las bases de datos informatizadas suponen una gran ventaja respecto del soporte tradicional. Empleando terminales puede accederse a la base de datos de documentos en un modo muy ágil desde cualquier terminal que se encuentre conectada a la red informática de la empresa y, con la utilización de las técnicas correspondientes, es posible consultar los datos archivados desde cualquier dispositivo que se halle conectado a internet, bien se trate de dispositivos fijos o móviles.

  Esta facilidad de acceso tiene un aspecto negativo como es la posibilidad de que personas no autorizadas puedan obtener dicha información mediante el empleo de técnicas de *hacking* malintencionado.

- Copia de la información: los documentos que se hallan en soporte informático pueden ser duplicados en un periodo de tiempo muy breve, en muchos casos de forma instantánea, sin que sea preciso manipular los documentos originales. En otro sentido, existe el riesgo de que una persona con autorización para emplear la información realice una copia de la misma en un dispositivo tal como una memoria USB o un sistema de almacenamiento en la red y disponga de los datos que ha obtenido de forma no autorizada.

- Coste: el almacenamiento en formato digital reduce su costo de forma continua, además del tamaño requerido para conservar los documentos. Se trata de un factor variable que, claramente, resulta ventajoso efectuar en formato digital. Un aspecto que se debe considerar es el del coste que supone la digitalización de los archivos, realizada a través de escáneres u otros instrumentos, que deben emplear ordenadores, programas informáticos que han de adquirirse y el tiempo de formación y trabajo que se requiera para desarrollar el proceso.

- Seguridad: la conservación en formato digital, cuando se realizan las copias de seguridad pertinentes, incrementa en gran medida la garantía de conservación de los documentos respecto del riesgo de pérdida o destrucción de los mismos. Los documentos originales en formato físico pueden destruirse, desgastarse o perderse con facilidad, especialmente en procesos tales como la realización de copias o el préstamo de los mismos.

3.4. Grabación de archivos en distintos formatos

En la actualidad, los archivos pueden almacenarse en una serie de archivos en diferentes formatos. La forma concreta de grabación deberá determinarse en función del tipo de daños de que se trate y del uso que se pretenda hacer de los mismos.

3.4.1. Textos

El texto plano, también denominado texto sin formato, es aquel que se encuentra constituido de forma exclusiva por caracteres, sin que los mismos cuenten con información dirigida a producir formatos (tales como letra cursiva, negrita o subrayado) o tipos de letra (por ejemplo: Times New Roman, Arial, Calibri o Courier). Tradicionalmente ha sido empleado usando el bloc de notas o *notepad* de Windows, siendo su extensión .txt. Frecuentemente se utiliza para la escribir líneas de código en tareas de programación informática.

La codificación de los caracteres se realiza de forma habitual mediante los sistemas ANSI, Unicode, Unicode Big Endian y UTF-8.

En el Apartado 1.5.2 de este libro se describen los principales formatos de textos existentes.

3.4.2. Enriquecidos

El formato de texto enriquecido es empleado para correos electrónicos, definido por la IETF (*Internet Engineering Task Force* o grupo de tareas de ingeniería de internet) y que se vincula con las especificaciones MIME (*Multipurpose Internet Mail Extensions* o extensiones multipropósito de correo de internet).

Este tipo de texto permite emplear diferentes fuentes, estilos o colores. El texto enriquecido permite a las personas que lo utilicen el empleo de editores de texto que facilitan la creación de una sección en HTML.

3.4.3. Web

En la actualidad es obvia la importancia que ha alcanzado internet como nuevo mercado en el que se produce el intercambio de bienes y servicios entre las empresas y sus distintos clientes, bien sean particulares, empresas privadas o entidades públicas.

Del mismo modo, es el medio a través del cual los organismos administrativos con competencias en materia de consumo pueden exponer la información que estimen necesaria.

3.4.4. Imágenes

El empleo de imágenes permite al autor de un documento incorporar un tipo de información que, obviamente, no cabe obtener de documentos en texto. En el almacenamiento de imágenes, sonidos y vídeos, del mismo modo que sucede con los documentos de texto, e incluso con más intensidad, deben definirse adecuadamente de forma que se identifiquen posteriormente con facilidad en el momento de realizar la búsqueda.

Por ejemplo, una imagen de una reunión de responsables en materia de consumo puede archivarse con la definición de «Reunión Asociaciones de Consumidores. Zamora. 09 de abril de 2016». De este modo, la localización de la imagen será sencilla, lo contrario de lo que ocurriría si se denominase «imagen 1¨» o descripciones similares. Los principales formatos de imágenes empleados se recogen en el Apartado 1.5.3 de este libro.

3.4.5. Sonidos

Las grabaciones, como cualquier otro tipo de archivo, pueden ser almacenadas para su posterior consulta. Como ejemplo cabe citar grabaciones en formato audio de conferencias o charlas en materia de consumo. En el Apartado 1.5.3 se indican los archivos más utilizados en la práctica administrativa.

3.4.6. Vídeos

Los archivos de vídeo prestan testimonio de diversos tipos de hechos, también incluyen anuncios publicitarios, documentales acerca de diversos aspectos de los consumidores y usuarios u otros elementos de interés en ese ámbito. Se recogen en el Apartado 1.5.3 los archivos de vídeo de mayor relevancia.

3.5. Codificación de documentos

Codificar los documentos es un medio que tiene por objetivo impedir el acceso de personas no autorizadas al contenido de los documentos que contiene un determinado archivo.

3.5.1. Clasificación de documentos

Tienen la consideración de documento público administrativo los documentos válidamente emitidos por los órganos de las Administraciones públicas. En un sentido más extenso, puede definirse como la entidad identificada y estructurada que contiene textos, gráficos, sonidos, imágenes o cualquier otra clase de información que puede ser almacenada, editada, extraída e intercambiada entre sistemas de tratamiento de la información o usuarios como una unidad diferenciada.

Los documentos administrativos se clasifican del siguiente modo:

- Documentos de iniciación:
  - Acuerdo de iniciación del procedimiento.
  - Requerimiento de subsanación de defectos en la solicitud.
  - Petición de mejora voluntaria de la solicitud.
  - Acuerdo de adopción de medidas provisionales.
  - Acuerdo de acumulación de procedimientos.
  - Acuerdo de práctica simultánea de trámites.
- Documentos de instrucción:
  - Acuerdo de apertura de un periodo de prueba.
  - Acuerdo de práctica de prueba.
  - Acuerdo por el que se rechazan las pruebas propuestas.
  - Oficio de petición de informe preceptivo no determinante.
  - Oficio de petición de informe preceptivo determinante.
  - Oficio de petición de informe facultativo.
  - Citación de comparecencia.
  - Concesión del trámite de audiencia.
  - Acuerdo de apertura del periodo de información pública.

- – Acuerdo de ampliación de plazos.

- – Acuerdo de tramitación de urgencia.

- – Acreditación de la notificación.

- Documentos de terminación:

  - – Resolución de caducidad por paralización del procedimiento imputable al interesado.

  - – Resolución de caducidad de procedimientos iniciados de oficio susceptibles de producir efectos desfavorables o de gravamen.

  - – Resolución tipo.

  - – Resolución de inadmisión.

  - – Certificación de acto producido por silencio administrativo.

  - – Acuerdo de suspensión de la ejecución de un acto.

3.5.2. Niveles de acceso

En el ámbito de la empresa privada, será cada compañía la que determine las limitaciones que establezca para el acceso a la información de la misma. En función del tamaño de la organización, se pueden diferenciar niveles que permiten desde el acceso total a la documentación empresarial, para los máximos niveles ejecutivos, hasta toda una gama de limitaciones, más relevantes a medida que se desciende en la pirámide jerárquica de la compañía.

La cuestión clave a la hora de establecer los niveles de acceso a la información en una empresa es llegar a una situación de equilibrio entre la garantía de confidencialidad de los datos de la empresa y la fluidez en la toma de decisiones, evitando tener que desarrollar un largo trámite burocrático para conseguir las autorizaciones necesarias para consultar datos necesarios para desarrollar la actividad diaria.

En el Apartado 3.8.1 de este libro se analiza el proceso de acceso a la documentación en la Administración pública.

3.6. Conservación de documentación obsoleta o histórica

Todo archivo, y especialmente los que conservan documentación en formato físico, requiere la organización de los documentos en ellos contenidos de forma que cuenten con un diferente tratamiento en función de su actualidad o del uso que los mismos reciben.

Las entidades privadas organizarán su documentación en la forma que cada una de ellas entienda más eficaz para la gestión de la misma. Para desarrollar los epígrafes que siguen a continuación, se seguirán las disposiciones relativas a la Administración General del Estado, con independencia de señalar la existencia de normativa autonómica y local sobre la materia, de aplicación en sus correspondientes ámbitos territoriales.

3.6.1. Vigencia de la documentación

CLASES DE ARCHIVOS

Los archivos del Sistema de Archivos de la Administración General del Estado, atendiendo al ciclo vital de los documentos, se clasifican en:

- Archivos de oficina o de gestión.
- Archivos generales o centrales de los ministerios y de los organismos públicos dependientes de los mismos.
- Archivo intermedio.
- Archivos históricos.

ARCHIVOS DE OFICINA O DE GESTIÓN

Son aquellos archivos existentes en todos los órganos y unidades administrativas para la custodia de los documentos en fase de tramitación o sometidos a continua utilización y consulta administrativa. Estos documentos, una vez concluida su tramitación o su etapa de utilización y consulta, serán objeto de transferencia al archivo central del departamento respectivo, de acuerdo con los plazos establecidos durante el proceso de valoración.

Los archivos de oficina o de gestión cumplirán las siguientes funciones:

- Apoyar la gestión administrativa.
- Acreditar las actuaciones y actividades de la unidad productora.
- Organizar los documentos producidos por sus respectivas unidades.
- Transferir los documentos al archivo central, en la forma y tiempo establecidos en el correspondiente calendario de conservación elaborado de manera conjunta con el archivo central, una vez agotado su plazo de permanencia en la unidad productora.
- Eliminar los documentos de apoyo informativo antes de la transferencia al archivo central.

ARCHIVOS GENERALES O CENTRALES DE LOS MINISTERIOS Y DE LOS ORGANISMOS PÚBLICOS DEPENDIENTES DE LOS MISMOS

Son aquellos archivos existentes en los ministerios y organismos públicos para la custodia de los documentos, una vez finalizada su tramitación y transcurridos los plazos establecidos por la normativa vigente o en los calendarios de conservación.

El archivo central cumplirá las siguientes funciones:

- Coordinar y controlar el funcionamiento de los distintos archivos de gestión, así como proporcionar el asesoramiento técnico necesario a las unidades y a su archivo de gestión, con el fin de conseguir la correcta conservación y tratamiento técnico de los documentos de archivo, de acuerdo con las normas específicas que correspondan a cada serie documental.

- Llevar a cabo el proceso de identificación de series y elaborar el cuadro de clasificación.

- Describir las fracciones de serie conforme a las normas internacionales y nacionales de descripción archivística.

- Llevar a cabo procesos de valoración documental, a fin de elevar las correspondientes propuestas de eliminación o, en su caso, de conservación permanente de documentos, en aplicación del procedimiento establecido por la normativa vigente.

- Tramitar, en su caso, los expedientes de eliminación de documentos, una vez cumplidos los requisitos exigidos por la normativa vigente y de acuerdo con los calendarios de conservación aprobados.

- Realizar las transferencias preceptivas y periódicas de documentos al archivo intermedio, acompañadas de su correspondiente relación de entrega.

- Proporcionar al archivo intermedio las descripciones de las fracciones de serie objeto de cada una de las transferencias.

- Participar en los equipos multidisciplinares encargados del diseño e implementación de los sistemas de gestión de los procedimientos administrativos tramitados en soporte electrónico.

Los órganos competentes de cada ministerio propondrán los calendarios de conservación y acceso de los documentos que custodian en los diferentes archivos previstos en este artículo, comunicándolos a la Comisión Superior Calificadora de Documentos Administrativos.

ARCHIVO INTERMEDIO

El archivo intermedio es la institución responsable de la custodia de los documentos generados y reunidos por los diferentes departamentos ministeriales y sus organismos públicos, una vez finalizada su fase activa conforme a lo establecido en los calendarios de conservación. El Archivo General de la Administración es el archivo intermedio de la Administración General del Estado, según la normativa vigente.

El Archivo General de la Administración, como archivo intermedio de la Administración General del Estado y adscrito al Ministerio de Cultura, tiene las siguientes funciones:

- Conservar los documentos que son transferidos desde los archivos centrales de los ministerios.

- Aplicar, en su caso, las resoluciones adoptadas por la Comisión Superior Calificadora de Documentos Administrativos relativas a la eliminación de documentos, garantizando su efectiva destrucción, tramitando los preceptivos expedientes de eliminación, conforme a lo dispuesto en la legislación vigente.

- Aplicar, en su caso, las resoluciones adoptadas por la Comisión Superior Calificadora de Documentos Administrativos relativas a la conservación permanente, y al acceso, en su caso, de agrupaciones documentales.

- Identificar y llevar a cabo procesos de valoración documental, a fin de elevar a la Comisión Calificadora departamental o grupo de trabajo propuestas de eliminación, o en su caso, de conservación permanente de documentos, en aplicación del procedimiento establecido por la normativa vigente para las agrupaciones documentales acumuladas que no hayan recibido previamente tratamiento archivístico.

- Establecer y valorar las estrategias que se pueden aplicar para la conservación a medio plazo de los documentos y ficheros electrónicos recibidos, tales como procedimientos de emulación, migración y conversión de formatos.

- Completar las descripciones elaboradas por el Archivo Central de las agrupaciones documentales recibidas, especialmente en lo relativo a los niveles superiores de descripción o macrodescripción, conforme a las normas internacionales y nacionales de descripción archivística.

- Llevar a cabo las transferencias preceptivas y periódicas de documentos al Archivo histórico, acompañadas de los correspondientes instrumentos de descripción elaborados.

3.6.2. Destrucción de documentación obsoleta o histórica

Se entiende por eliminación de documentos la destrucción física de unidades o series documentales por el órgano responsable del archivo u oficina pública en que se encuentren, empleando cualquier método que garantice la imposibilidad de reconstrucción de los mismos y su posterior utilización. La eliminación de documentos solo podrá llevarse a cabo, tras el correspondiente proceso de valoración documental, según se establece en los artículos siguientes.

Se entiende por valoración documental el estudio y análisis de las características históricas, administrativas, jurídicas, fiscales e informativas de la documentación.

El proceso de valoración establecerá los plazos de transferencia, la posible eliminación o expurgo y el régimen de accesibilidad de la documentación.

La eliminación podrá condicionarse a la conservación, en soporte diferente al original en que fueron producidos, de los documentos y series documentales en los que concurran los siguientes requisitos:

- Que el soporte original carezca de valor histórico, artístico o de otro carácter relevante que aconseje su conservación y protección.

- Que en el soporte original no figuren firmas u otras expresiones manuscritas o mecánicas que confieran al documento un valor especial o que supongan el contenido esencial del documento por su valor probatorio de derechos y obligaciones.

DOCUMENTOS CON VALOR PROBATORIO

En ningún caso se podrá autorizar la eliminación ni se podrá proceder a la destrucción de documentos de la Administración General del Estado o de sus organismos públicos en tanto subsista su valor probatorio de derechos y obligaciones de las personas físicas o jurídicas o no hayan transcurrido los plazos que la legislación vigente establezca para su conservación.

INICIACIÓN DEL PROCEDIMIENTO

A iniciativa propia o de los órganos responsables de los documentos o series documentales concernidos, la Comisión Calificadora de Documentos Administrativos de cada departamento u organismo público podrá acordar la iniciación de un procedimiento de eliminación de documentos y, en su caso, de conservación del contenido de los mismos en soporte distinto del original en que fueron producidos.

En el acuerdo de iniciación deberá quedar establecido fundadamente que los documentos originales a que se refiere no poseen valor histórico ni utilidad para la gestión administrativa que exija su conservación. Asimismo, se expresará en él que los documentos carecen de valor probatorio para los derechos y obligaciones de las personas físicas o jurídicas.

En el caso de que se plantee la conservación del contenido de los documentos en soporte distinto al original, deberán observarse los requisitos siguientes:

La eliminación podrá condicionarse a la conservación, en soporte diferente al original en que fueron producidos, de los documentos y series documentales en los que concurran los siguientes requisitos:

- Que el soporte original carezca de valor histórico, artístico o de otro carácter relevante que aconseje su conservación y protección.

- Que en el soporte original no figuren firmas u otras expresiones manuscritas o mecánicas que confieran al documento un valor especial o que supongan el contenido esencial del documento por su valor probatorio de derechos y obligaciones.

El acuerdo deberá ir acompañado de la siguiente documentación:

- Informe del órgano proponente que justifique la necesidad de la eliminación y, en su caso, de la conservación en soporte distinto, acreditando en el mismo la valoración documental efectuada en la forma reglamentariamente establecida. En este análisis se incluirá la mención de las disposiciones que en su caso hayan regulado hasta el momento de la propuesta el expurgo o la custodia de dicha documentación. Asimismo, deberá concretarse en este análisis si incluye datos referentes a la intimidad de las personas, si contiene datos sanitarios personales, si afecta o afectará a la defensa nacional o la seguridad del Estado y otras características que se consideren especialmente significativas.

- Memoria relativa a la documentación de que se trate, y que comprenderá básicamente el estudio histórico institucional, cuadro de clasificación en caso de series documentales, órgano productor, signaturas extremas, tipo documental, resumen del contenido, fechas extremas, legislación relativa al origen y desarrollo de la documentación, tipo de muestreo que se propone, en su caso, y archivo u oficina pública en que se encuentra depositada.

El acuerdo de iniciación del procedimiento, junto con los documentos antes citados, se remitirá al presidente de la Comisión Superior Calificadora de Documentos Administrativos, y contendrá la propuesta de eliminación o en su caso de conservación en soporte distinto, de documentos o series documentales determinados, así como la petición del dictamen al que se refiere el apartado siguiente. Si la citada comisión considerase precisa más información, la requerirá de la comisión del departamento u organismo que hubiese iniciado el procedimiento o, en su caso, de los departamentos u organismos que estime afectados, que deberán remitirla en plazo no superior a tres meses.

Cuando el contenido del documento o documentos que se van a eliminar tengan relación con las competencias atribuidas a otro departamento u organismo público, deberá contarse con el informe preceptivo del mismo.

DICTAMEN DE LA COMISIÓN SUPERIOR CALIFICADORA DE DOCUMENTOS ADMINISTRATIVOS

Sobre el acuerdo establecido conforme a lo dispuesto en el apartado anterior, emitirá dictamen preceptivo la Comisión Superior Calificadora de Documentos Administrativos regulada por Real Decreto 1401/2007, de 29 de octubre, por el que se regula la composición, funcionamiento y competencias de la Comisión Superior Calificadora de Documentos Administrativos, en el plazo máximo de un año a contar desde que disponga de la documentación completa de que se trate. En el caso de que el órgano proponente solicite por razones de urgencia un plazo inferior al citado, la Comisión Superior Calificadora podrá acordarlo así, notificándolo al órgano proponente.

Si el dictamen de la comisión fuese contrario a la propuesta de eliminación, tendrá carácter vinculante, sin perjuicio de lo que se establece en el apartado siguiente de este artículo.

Dictaminada desfavorablemente una propuesta de eliminación, no podrá presentarse otra nueva relativa a la misma documentación hasta que transcurran dos años desde la comunicación de dicho dictamen al órgano proponente. No obstante, si se modificasen los criterios archivísticos aplicados en la primera valoración, la Dirección General del Libro, Archivos y Bibliotecas podrá dirigirse al órgano responsable de la documentación para que, si lo considera pertinente, presente una nueva propuesta, sin necesidad de que transcurra el plazo indicado.

RESOLUCIÓN ADMINISTRATIVA

Si el dictamen fuese favorable a la propuesta, el subsecretario del departamento ministerial o el presidente o director del organismo público en el que se encuentren custodiados los documentos adoptará la resolución que considere oportuna. Si la resolución autorizase la eliminación, se dará traslado de ella al órgano que adoptó la iniciativa y deberá publicarse en el «Boletín Oficial del Estado». Igualmente se procederá cuando la resolución disponga la conservación de los documentos en soporte distinto del original en que fueron producidos.

La resolución motivada que autorice la eliminación de documentos y, en su caso, disponga la conservación en soporte distinto del original, deberá incluir:

- Una descripción sumaria de la documentación afectada, con expresión de signaturas, órgano u órganos productores, resumen de contenido, fechas extremas, tipo de muestreo que se realizará en su caso y archivo u oficina pública en que se encuentre depositada.

- La indicación de que, conforme a lo previsto en el artículo 53.1.a) de la Ley 39/2015, de 1 de octubre, del Procedimiento Administrativo Común de las Administraciones Públicas, la eficacia de la autorización quedará demorada hasta transcurridos tres meses desde su publicación en el «Boletín Oficial del Estado» y condicionada en todo caso a que durante ese plazo no haya constancia de la interposición de recurso de cualquier naturaleza contra la misma. También se hará constar que no podrá procederse a la destrucción de documentos hasta que la resolución, caso de ser impugnada, adquiera firmeza.

- El señalamiento de los recursos que procedan.

- La determinación de las medidas precisas para la destrucción de los documentos y, en su caso, para la conservación de su contenido en soporte distinto al original.

ELIMINACIÓN DE DOCUMENTOS

El órgano responsable de la custodia de la documentación, una vez sea ejecutiva la autorización obtenida, abrirá un expediente de eliminación de los documentos o series documentales de que se trate, el cual comprenderá:

- La memoria realizada sobre la documentación y cualquier otra información o documentos presentados con la propuesta de eliminación, así como el texto de esta última.

- El dictamen de la Comisión Superior Calificadora de Documentos Administrativos y el de cualquier otra comisión que se haya pronunciado previamente.

- La memoria del muestreo de la documentación que se va a expurgar.

- La resolución que haya autorizado la eliminación, así como cualquier otro documento administrativo o judicial relacionado con la misma.

- El acta de eliminación, en la que el órgano responsable de los documentos acreditará que, habiendo transcurrido el plazo establecido reglamentariamente, no tiene constancia de la interposición de recursos de ninguna naturaleza contra la resolución adoptada, o que esta ha adquirido firmeza, con los demás extremos relativos a la destrucción que se lleva a cabo, fecha de la misma e identificación de los funcionarios y cualquier otro personal que intervenga en ella. En dicha acta se hará constar lugar, fecha y duración de las operaciones de eliminación con o sin sustitución, procedimiento utilizado, personas intervinientes y funcionario fedatario de la operación y del acta.

Si se hubiese dispuesto la conservación del contenido de los documentos o series documentales en soporte distinto al original, antes de proceder a la eliminación de dicho original deberán obtenerse copias auténticas en soporte diferente, con los requisitos establecidos en los artículos 40 a 44 de la Ley 39/2015, de 1 de octubre, del Procedimiento Administrativo Común de las Administraciones Públicas.

En este mismo supuesto deberá finalmente levantarse un acta complementaria comprensiva de las actuaciones que se sigan para hacer efectiva la conservación del contenido de los documentos en soporte distinto al original.

Un duplicado del acta y, en su caso, del acta complementaria se remitirá a la Comisión Superior Calificadora de Documentos Administrativos en el plazo de los diez días siguientes a la fecha de las actuaciones correspondientes.

DOCUMENTOS DEL EXPEDIENTE DE ELIMINACIÓN

El procedimiento de eliminación se documentará en expediente único por el órgano responsable de la custodia de la documentación y en él deben figurar los documentos siguientes, además de los que puedan requerirse en otros preceptos legales y sin perjuicio de incluir todos aquellos que se hayan generado en la tramitación:

- Iniciativa para poner en marcha el procedimiento.
- Informe del órgano proponente.
- Memoria de la documentación.
- Acuerdo de iniciación de la Comisión Calificadora Departamental de Documentos Administrativos.
- Informe preceptivo de la Comisión Superior Calificadora de Documentos Administrativos.
- Resolución.
- Notificaciones, en su caso.
- Publicaciones de la resolución.
- Recursos, si se han interpuesto.
- Resoluciones de los recursos presentados.
- Acta de eliminación, con o sin sustitución, si procede.

3.6.3. Archivo definitivo u otros

En este ámbito, debe hacerse referencia a los archivos históricos, que son las instituciones responsables de la custodia, conservación y tratamiento de los fondos pertenecientes al patrimonio histórico documental español que sean reflejo de la trayectoria de la Administración estatal a lo largo de la historia o que en todo caso resulten altamente significativos por su valor histórico, su singular importancia o su proyección internacional. Son archivos históricos los de titularidad y gestión estatal adscritos al Ministerio de Cultura.

El Archivo Histórico Nacional ejerce las funciones de archivo histórico de la Administración General del Estado.

Las funciones del Archivo Histórico Nacional, como archivo histórico de la Administración General del Estado y dependiente del Ministerio de Cultura, son:

- Conservar los documentos con valor histórico que le son transferidos desde el Archivo General de la Administración.

- Aplicar programas de reproducción de documentos en soportes alternativos para garantizar la conservación de los documentos originales y fomentar su difusión.

- Establecer y valorar las estrategias que se pueden aplicar para la conservación a largo plazo de los documentos y ficheros electrónicos recibidos, tales como procedimientos de emulación, migración y conversión de formatos.

- Completar las descripciones elaboradas por el Archivo General de la Administración sobre las agrupaciones documentales recibidas, especialmente de las unidades documentales, conforme a las normas internacionales y nacionales de descripción archivística.

- Impulsar programas de difusión y gestión cultural del patrimonio documental custodiado.

En el ámbito de los servicios periféricos del Estado, desempeñan idénticas funciones a las de los archivos intermedio e histórico los archivos históricos provinciales o los que en el futuro se puedan crear en las delegaciones de Gobierno.

De acuerdo con su específica normativa de creación y funcionamiento, los archivos de carácter histórico gestionados por la Administración General del Estado, a través del Ministerio de Cultura, desempeñarán la funciones previstas en este artículo en sus respectivos ámbitos de actuación.

3.6.4. Realización de copias de seguridad

La realización de copias de seguridad es un procedimiento que debe ser cumplimentado por las diferentes empresas e instituciones en orden a garantizar la conservación de la información con la que cuenta a salvo de posibles incidencias que afecten a la integridad de la misma.

Cada empresa desarrollará un protocolo propio para llevar a cabo la ejecución de las copias de seguridad, pero, en general, relaizará los siguientes pasos:

- La totalidad de la información manejada por la entidad (pública o privada) deberá ser respaldada de forma periódica mediante copias de seguridad o *backups*.

- Las personas responsables por razón de competencia de cada entidad habrán de determinar la periodicidad concreta con la que se realizarán las copias en función de la naturaleza de la información de que se trate en cada caso. Igualmente, se establecerán los periodos en que se deben conservar las copias de seguridad, los lugares en que se guardarán las mismas, el modo en que se procederá llevar a cabo el inventario de los soportes existentes, la forma en que los mismos son gestionados y el modo en que se recuperará la información en el momento en que sea necesario.

- Las copias de seguridad deberán incluir toda la información que sea precisa para que sea posible recuperar la misma en caso de interrupción del servicio o destrucción de la copia original de la información. La copia puede referirse a documentos, aplicaciones informáticas e incluso una imagen íntegra del sistema operativo empleado.

Existen tres tipos de copias de seguridad:

- Íntegra: se lleva a cabo una copia de seguridad integral de la totalidad de los archivos y bases de datos existentes. Garantiza la existencia de contar con una imagen completa de todos los datos y programas que se encuentren en el instante en que realiza la copia de seguridad.

- Adicional: se efectúa la copia de los datos que han sido modificados desde el instante en que se realizó la copia adicional previa. El primer paso de este sistema es efectuar una copia íntegra. Se lleva a cabo de forma muy rápida si se hacen frecuentemente. En el momento en que se desee realizar una recuperación de la información, habrá que realizar una copia de la imagen íntegra inicial y de las demás copias adicionales efectuadas, lo que supondrá un determinado periodo de tiempo importante.

- Diferencial: se procede a copiar los datos que han sido alterados desde el momento en que se llevó a cabo la copia íntegra más reciente. La velocidad con la que se desarrollará el proceso dependerá de la frecuencia con la que dicha copia se ejecute. La recuperación de la información se desarrolla de un modo más rápido que en el sistema de copia de seguridad adicional.

Adicionalmente, deben tenerse en cuenta los dispositivos portátiles que se emplean en la entidad tales como ordenadores portátiles, teléfonos móviles o tabletas. Deberá establecerse un protocolo de realización de copias de seguridad de la información contenida en los mismos.

3.7. Instrumentos de organización de información y documentación en consumo

Las entidades, públicas o privadas, con competencias en materia de consumo han de tener un procedimiento previamente diseñado para determinar el modo en que va a almacenar la información de forma que se alcance el máximo nivel de eficacia y eficiencia.

3.7.1. Manual de archivo y clasificación de documentos

El manual de archivo es el texto en el que se recogen las normas que van a regir la gestión de los documentos que se hallan depositados en el correspondiente archivo y cuya función última es facilitar la eficacia y eficiencia en el uso de los mismos por parte de las personas que procedan a la consulta de estos.

La primera diferenciación que debe realizarse en un archivo es la que se refiere a separar los documentos denominados de apoyo informativo de los que están integrados en trámites administrativos.

- Documentos de apoyo informativo: son los que tienen por objeto prestar asistencia a la gestión de la dependencia u oficina a la que estén asignados. Se trata de documentos que se conservan mientras sirven a la gestión de la empresa, no siendo posteriormente transferidos a los archivos centrales de la entidad.

  Pueden citarse los siguientes:

  — Catálogos de productos.

  — Revistas.

- Boletines oficiales.

- Normas legales o reglamentarias.

- Folletos comerciales.

- Circulares.

- Documentos integrados en trámites administrativos: son aquellos generados o recibidos por una dependencia administrativa en el desempeño de sus funciones. Los mismos son registrados de acuerdo a un número correlativo. Existen cuatro tipos fundamentales:

  - Expedientes administrativos: integrados por una serie de documentación en la que se materializan las actuaciones administrativas que tienen por objeto la resolución de un determinado asunto, se trata del modo en que se formaliza un procedimiento administrativo. El expediente administrativo estará compuesto por todos los documentos que se vayan produciendo en las diferentes fases del procedimiento, desde el inicio, bien de oficio o a instancia de parte, hasta la resolución final del mismo, incluyendo las pruebas presentadas, recursos o resoluciones de trámite que puedan llevarse a cabo.

    En esta categoría se incluyen también los llamados expedientes no reglados, que tienen por objeto el análisis de una materia concreta sin que ello tenga por objeto la resolución de un asunto determinado. Puede tratarse de estudios estadísticos o de la situación de un tema sectorial en un momento y lugar concretos.

  - Registros administrativos: se trata de unidades de control de la actividad administrativa de una entidad en las que se deja la adecuada constancia de las entradas y salidas de documentos y, como consecuencia de las mismas, se pueden obtener informaciones estadísticas acerca de las actuaciones verificadas en los mismos, tales como inventarios de las existencias con las que se cuenta de un determinado producto o el número de peticiones recibidas de una prestación concreta.

  - Documentación simple: se trata de documentos que acreditan actuaciones únicas de la entidad en cuestión tales como el abono de una nómina o la expedición de un certificado.

  - Correspondencia: integrada por los documentos enviados o recibidos por la entidad en su relación con personas físicas u otras entidades públicas o privadas. La correspondencia puede materializarse mediante diversos medios tales como el correo ordinario o las propias de las diferentes modalidades de administración electrónica.

Otra clasificación de documentación, propia del área de la bibliografía, es la denominada clasificación decimal universal, en la que se clasifica de modo jerarquizado la totalidad de las áreas del conocimiento.

CLASIFICACIÓN DECIMAL UNIVERSAL (CDU)

Tablas principales

0 Generalidades.

> 00 Prolegómenos.
>
> 01 Bibliografía y bibliografías. Catálogos.
>
> 02 Biblioteconomía. Bibliotecología.
>
> 03 Obras de referencia en general. Enciclopedias. Diccionarios. Etcétera.
>
> 05 Publicaciones seriadas y afines. Publicaciones periódicas.
>
> 06 Organizaciones y colectividades de cualquier tipo. Asociaciones. Congresos. Exposiciones. Museos.
>
> 07 Periódicos. La prensa. Periodismo.
>
> 08 Poligrafías. Colecciones. Series.
>
> 09 Manuscritos. Libros raros y notables.

1 Filosofía.

> 11 Metafísica.
>
> 13 Filosofía del espíritu.
>
> 14 Sistemas filosóficos.
>
> 15 9.9 Psicología.
>
> 16 Lógica. Teoría del conocimiento. Epistemología. Metodología lógica.
>
> 17 Moral. Ética. Filosofía práctica.

2 Religión. Teología.

> 21 Teología natural.
>
> 22 Biblia.
>
> 23 /28 Religión cristiana.

23 Teología dogmática.

24 Teología moral.

25 Teología pastoral.

26 Iglesia Cristiana.

27 Historia general de la Iglesia Cristiana.

28 Iglesias cristianas. Comunidades y sectas.

29 Religiones no cristianas. Mitología. Cultos. Religión comparada.

3 Ciencias sociales. Sociología. Estadística. Política. Economía. Derecho. Administración pública. Arte y ciencias militares. Asistencia social. Vivienda. Consumismo. Seguros. Educación. Etnología.

30 Teorías, metodología y métodos en las ciencias sociales en general.

31 Estadística. Demografía. Sociología.

32 Política.

33 Economía. Economía política. Ciencia económica.

34 Derecho.

35 Administración pública.

36 Protección de las necesidades materiales y espirituales de la vida. Trabajo social.

Vivienda. Consumismo. Seguros.

37 Educación. Enseñanza. Formación. Tiempo libre.

39 Etnología. Folclore. Usos y costumbres. Vida social.

4 Sin Ocupar.

5 Matemáticas. Ciencias naturales.

50 1 Generalidades sobre las ciencias exactas en general: matemáticas, astronomía y física matemática.

51 Matemáticas.

52 Astronomía. Astrofísica. Investigación espacial. Geodesia.

53 Física.

8   Lingüística. Filología. Literatura.

80 Lingüística. Filología.

81 Literatura.

9   Geografía. Biografías. Historia.

90 2 Arqueología.

90 3 Prehistoria. Restos históricos. Utensilios prehistóricos.

91 Geografía.

92 9 Estudios biográficos y relacionados.

93/99 Historia.

3.7.2. Catalogación e indización de documentos e información

Catalogar los archivos es la técnica más empleada en el ámbito de la descripción de los documentos. Suelen utilizarse los sistemas empleados en el ámbito bibliográfico, pero adaptados a la realidad archivística.

Catalogar implica describir las partes fundamentales de un documento para identificar su contenido y situación dentro de una determinada serie documental.

Catalogar un documento implica el desarrollo de una serie de fases:

- Describir el documento: anotando los datos precisos para detallar los aspectos fundamentales del documento, señalando los aspectos básicos más relevantes. Se indicarán los elementos que aporten unidad, como es el caso del área geográfica sobre la que se adoptan decisiones administrativas o los elementos de conexión entre documentos, como sería el supuesto de un organismo público que haya cambiado de denominación en el curso de los años.

- Proceder a la asignación de materias en base a una serie previamente determinada.

- Introducir los datos clave en la base de datos, de modo que el documento quede registrado en la misma para ser posteriormente consultado por las personas interesadas.

Existe una serie de formas de catalogar los documentos:

- Simplificada: de forma que se emplea menos tiempo en el proceso de catalogación. Sin embargo, se corre el riesgo de perder datos clave que pueden, con posterioridad, dificultar el proceso de búsqueda de los documentos.

- Integral: que contiene una gran serie de parámetros descriptivos, lo que supone un periodo de catalogación más extenso, pero una funcionalidad de búsqueda muy elevada.

- Analítica: incluye los títulos de los diferentes capítulos o sectores con los que cuenta el documento.

Indizar un documento supone representar el mismo a través de la selección de los términos más relevantes incluidas en su contexto o a través de la atribución de términos que forman parte de un lenguaje libre o controlado. La finalidad de esta actividad es recopilar y localizar la información que se halle en la serie de documentos clasificados.

Cada entidad habrá de decidir el nivel de indización de los documentos que se hallan archivados.

La indización puede realizarse de forma manual por las personas competentes o bien de forma automatizada, efectuada por las correspondientes herramientas informáticas, sin contar con la supervisión de expertos en la materia.

Una indización correctamente realizada tendrá por objetivo evitar los dos errores fundamentales que se producen en el momento en que se realizan las búsquedas:

- Interferencias: producidas cuando los resultados que aparecen tras la búsqueda no se hallan relacionadas con el requerimiento de información que se llevó a cabo.

- Vacíos: generados cuando tras realizar la búsqueda de información no se hallan resultados.

La indización puede producirse de dos formas:

- Indización en lenguaje libre: se desarrolla en base a palabras clave (se extraen del documento las palabras más relevantes) o términos libres (se vinculan al texto términos del lenguaje común, aunque no aparezcan de forma expresa en el texto), por ello, sin emplear un vocabulario previamente establecido y limitado en su extensión.

- Indización en lenguaje controlado: se emplea un lenguaje previamente establecido. El objetivo es alcanzar el mayor rango de precisión, evitando errores derivados de una definición imprecisa de muchas palabras integrantes del lenguaje común. Los listados de términos más utilizados se denominan tesauros.

3.8. Aspectos legales de la archivística y actualización normativa

Además de criterios técnicos, el almacenamiento de documentos en el formato de que se trate en cada caso, se rige por una serie de normas legales que resultan de obligado cumplimiento y han de ser, por ello, conocidas por las personas responsables del almacenamiento de la documentación en materia de consumo.

3.8.1. Normas en materia de seguridad, integridad y confidencialidad de la información

Con respecto a las materias que constituyen el epígrafe, deben citarse las siguientes normas de aplicación. La norma fundamental en este aspecto es el artículo 105.b de la Constitución, que señala lo siguiente: *el acceso de los ciudadanos a los archivos y registros administrativos, salvo en lo que afecte a la seguridad y defensa del Estado, la averiguación de los delitos y la intimidad de las personas.*

En el desarrollo de este precepto se dictó la Ley 19/2013, de 9 de diciembre, de transparencia, acceso a la información pública y buen gobierno. Las principales disposiciones de dicha norma son las siguientes:

DERECHO DE ACCESO A LA INFORMACIÓN PÚBLICA

Todas las personas tienen derecho a acceder a la información pública, en los términos previstos en el artículo 105.b) de la Constitución española.

Asimismo, y en el ámbito de sus respectivas competencias, será de aplicación la correspondiente normativa autonómica.

INFORMACIÓN PÚBLICA

Se entiende por información pública los contenidos o documentos, cualquiera que sea su formato o soporte, que obren en poder de alguno de los sujetos pertenecientes a las Administraciones públicas y que hayan sido elaborados o adquiridos en el ejercicio de sus funciones.

LÍMITES AL DERECHO DE ACCESO

El derecho de acceso podrá ser limitado cuando acceder a la información suponga un perjuicio para:

- La seguridad nacional.

- La defensa.

- Las relaciones exteriores.

- La seguridad pública.

- La prevención, investigación y sanción de los ilícitos penales, administrativos o disciplinarios.

- La igualdad de las partes en los procesos judiciales y la tutela judicial efectiva.

- Las funciones administrativas de vigilancia, inspección y control.

- Los intereses económicos y comerciales.

- La política económica y monetaria.

- El secreto profesional y la propiedad intelectual e industrial.

- La garantía de la confidencialidad o el secreto requerido en procesos de toma de decisión.

- La protección del medio ambiente.

La aplicación de los límites será justificada y proporcionada a su objeto y finalidad de protección y atenderá a las circunstancias del caso concreto, especialmente a la concurrencia de un interés público o privado superior que justifique el acceso.

Las resoluciones que se dicten en aplicación de este artículo serán objeto de publicidad previa disociación de los datos de carácter personal que contuvieran.

PROTECCIÓN DE DATOS PERSONALES

Si la información solicitada contuviera datos especialmente protegidos a los que se refiere la Ley Orgánica 3/2018, de 5 de diciembre, de Protección de Datos Personales y garantía de los derechos digitales, el acceso únicamente se podrá autorizar en caso de que se contase con el consentimiento expreso y por escrito del afectado, a menos que dicho afectado hubiese hecho manifiestamente públicos los datos con anterioridad a que se solicitase el acceso.

Si la información incluyese datos especialmente protegidos a los que se refiere la Ley Orgánica 3/2018, de 5 de diciembre, de Protección de Datos Personales y garantía de los derechos digitales, o datos relativos a la comisión de infracciones penales o administrativas que no conllevasen la amonestación pública al infractor, el acceso solo se podrá autorizar en caso de que se cuente con el consentimiento expreso del afectado o si aquel estuviera amparado por una norma con rango de ley.

Con carácter general, y salvo que en el caso concreto prevalezca la protección de datos personales u otros derechos constitucionalmente protegidos sobre el interés público en la divulgación que lo impida, se concederá el acceso a información que contenga datos meramente identificativos relacionados con la organización, funcionamiento o actividad pública del órgano.

Cuando la información solicitada no contuviera datos especialmente protegidos, el órgano al que se dirija la solicitud concederá el acceso previa ponderación suficientemente razonada del interés público en la divulgación de la información y los derechos de los afectados cuyos datos aparezcan en la información solicitada, en particular su derecho fundamental a la protección de datos de carácter personal.

Para la realización de la citada ponderación, dicho órgano tomará particularmente en consideración los siguientes criterios:

- El menor perjuicio a los afectados derivado del transcurso de los plazos establecidos en el artículo 57 de la Ley 16/1985, de 25 de junio, del Patrimonio Histórico Español.

- La justificación por los solicitantes de su petición en el ejercicio de un derecho o el hecho de que tengan la condición de investigadores y motiven el acceso en fines históricos, científicos o estadísticos.

- El menor perjuicio de los derechos de los afectados en caso de que los documentos únicamente contuviesen datos de carácter meramente identificativo de aquellos.

- La mayor garantía de los derechos de los afectados en caso de que los datos contenidos en el documento puedan afectar a su intimidad o a su seguridad, o se refieran a menores de edad.

No será aplicable lo establecido en los apartados anteriores si el acceso se efectúa previa disociación de los datos de carácter personal de modo que se impida la identificación de las personas afectadas.

La normativa de protección de datos personales será de aplicación al tratamiento posterior de los obtenidos a través del ejercicio del derecho de acceso.

ACCESO PARCIAL

En los casos en que la aplicación de alguno de los límites anteriormente indicados no afecte a la totalidad de la información, se concederá el acceso parcial previa omisión de la información afectada por el límite salvo que de ello resulte una información distorsionada o que carezca de sentido. En este caso, deberá indicarse al solicitante que parte de la información ha sido omitida.

SOLICITUD DE ACCESO A LA INFORMACIÓN

El procedimiento para el ejercicio del derecho de acceso se iniciará con la presentación de la correspondiente solicitud, que deberá dirigirse al titular del órgano administrativo o entidad que posea la información. Cuando se trate de información en posesión de personas físicas o jurídicas que presten servicios públicos o ejerzan potestades administrativas, la solicitud se dirigirá a la Administración, organismo o entidad de las previstas legalmente a las que se encuentren vinculadas.

La solicitud podrá presentarse por cualquier medio que permita tener constancia de:

- La identidad del solicitante.

- La información que se solicita.

- Una dirección de contacto, preferentemente electrónica, a efectos de comunicaciones.

- En su caso, la modalidad que se prefiera para acceder a la información solicitada.

El solicitante no está obligado a motivar su solicitud de acceso a la información. Sin embargo, podrá exponer los motivos por los que solicita la información y que podrán ser tenidos en cuenta cuando se dicte la resolución. No obstante, la ausencia de motivación no será por sí sola causa de rechazo de la solicitud.

Los solicitantes de información podrán dirigirse a las Administraciones públicas en cualquiera de las lenguas cooficiales del Estado en el territorio en el que radique la Administración en cuestión.

CAUSAS DE INADMISIÓN

Se inadmitirán a trámite, mediante resolución motivada, las solicitudes:

- Que se refieran a información que esté en curso de elaboración o de publicación general.

- Referidas a información que tenga carácter auxiliar o de apoyo como la contenida en notas, borradores, opiniones, resúmenes, comunicaciones e informes internos o entre órganos o entidades administrativas.

- Relativas a información para cuya divulgación sea necesaria una acción previa de reelaboración.

- Dirigidas a un órgano en cuyo poder no obre la información cuando se desconozca el competente. En el caso en que se inadmita la solicitud por concurrir esta causa, el órgano que acuerde la inadmisión deberá indicar en la resolución el órgano que, a su juicio, es competente para conocer de la solicitud.

- Que sean manifiestamente repetitivas o tengan un carácter abusivo no justificado con la finalidad de transparencia legalmente establecida.

TRAMITACIÓN

Si la solicitud se refiere a información que no obre en poder del sujeto al que se dirige, este la remitirá al competente, si lo conociera, e informará de esta circunstancia al solicitante.

Cuando la solicitud no identifique de forma suficiente la información, se pedirá al solicitante que la concrete en un plazo de diez días, con indicación de que, en caso de no hacerlo, se le tendrá por desistido, así como de la suspensión del plazo para dictar resolución.

Si la información solicitada pudiera afectar a derechos o intereses de terceros, debidamente identificados, se les concederá un plazo de quince días para que puedan realizar las alegaciones que estimen oportunas. El solicitante deberá ser informado de esta circunstancia, así como de la suspensión del plazo para dictar resolución hasta que se hayan recibido las alegaciones o haya transcurrido el plazo para su presentación.

Cuando la información objeto de la solicitud, aun obrando en poder del sujeto al que se dirige, haya sido elaborada o generada en su integridad o parte principal por otro, se le remitirá la solicitud a este para que decida sobre el acceso.

RESOLUCIÓN

La resolución en la que se conceda o deniegue el acceso deberá notificarse al solicitante y a los terceros afectados que así lo hayan solicitado en el plazo máximo de un mes desde la recepción de la solicitud por el órgano competente para resolver.

Este plazo podrá ampliarse por otro mes en el caso de que el volumen o la complejidad de la información que se solicita así lo hagan necesario y previa notificación al solicitante.

Serán motivadas las resoluciones que denieguen el acceso, las que concedan el acceso parcial o a través de una modalidad distinta a la solicitada y las que permitan el acceso cuando haya habido oposición de un tercero. En este último supuesto, se indicará expresamente al interesado que el acceso solo tendrá lugar cuando haya transcurrido el plazo para interponer recurso contencioso administrativo sin que se haya formalizado o haya sido resuelto confirmando el derecho a recibir la información.

Cuando la mera indicación de la existencia o no de la información supusiera la vulneración de alguno de los límites al acceso se indicará esta circunstancia al desestimarse la solicitud.

Transcurrido el plazo máximo para resolver sin que se haya dictado y notificado resolución expresa se entenderá que la solicitud ha sido desestimada.

Las resoluciones dictadas en materia de acceso a la información pública son recurribles directamente ante la jurisdicción contencioso-administrativa, sin perjuicio de la posibilidad de interposición de la reclamación potestativa prevista legalmente.

El incumplimiento reiterado de la obligación de resolver en plazo tendrá la consideración de infracción grave a los efectos de la aplicación a sus responsables del régimen disciplinario previsto en la correspondiente normativa reguladora.

UNIDADES DE INFORMACIÓN

Las Administraciones públicas incluidas en el ámbito de aplicación de este título establecerán sistemas para integrar la gestión de solicitudes de información de los ciudadanos en el funcionamiento de su organización interna.

En el ámbito de la Administración General del Estado, existirán unidades especializadas que tendrán las siguientes funciones:

- Recabar y difundir la información a la que se refiere el capítulo II del título I de la Ley 19/2013.

- Recibir y dar tramitación a las solicitudes de acceso a la información.

- Realizar los trámites internos necesarios para dar acceso a la información solicitada.

- Realizar el seguimiento y control de la correcta tramitación de las solicitudes de acceso a la información.

- Llevar un registro de las solicitudes de acceso a la información.

- Asegurar la disponibilidad en la respectiva página web o sede electrónica de la información cuyo acceso se solicita con más frecuencia.

- Mantener actualizado un mapa de contenidos en el que queden identificados los distintos tipos de información que obre en poder del órgano.

- Todas aquellas que sean necesarias para asegurar una correcta aplicación de las disposiciones de la Ley 19/2013.

El resto de las entidades incluidas en el ámbito de aplicación de este título identificarán claramente el órgano competente para conocer de las solicitudes de acceso.

FORMALIZACIÓN DEL ACCESO

El acceso a la información se realizará preferentemente por vía electrónica, salvo cuando no sea posible o el solicitante haya señalado expresamente otro medio. Cuando no pueda darse el acceso en el momento de la notificación de la resolución deberá otorgarse, en cualquier caso, en un plazo no superior a diez días.

Si ha existido oposición de tercero, el acceso solo tendrá lugar cuando, habiéndose concedido dicho acceso, haya transcurrido el plazo para interponer recurso contencioso administrativo sin que se haya formalizado o haya sido resuelto confirmando el derecho a recibir la información.

Si la información ya ha sido publicada, la resolución podrá limitarse a indicar al solicitante cómo puede acceder a ella.

El acceso a la información será gratuito. No obstante, la expedición de copias o la trasposición de la información a un formato diferente al original podrá dar lugar a la exigencia de exacciones en los términos previstos en la normativa estatal, autonómica o local que resulte aplicable.

3.8.2. Protección de datos

En la era digital, la protección de datos personales se ha convertido en uno de los pilares fundamentales de la regulación jurídica en la Unión Europea y España. La Ley Orgánica 3/2018, de 5 de diciembre, de Protección de Datos Personales y garantía de los derechos digitales (LOPDGDD), junto con el Reglamento General de Protección de Datos (RGPD), establecen un marco normativo destinado a proteger la privacidad y seguridad de los ciudadanos frente al uso indiscriminado de su información personal.

Estos textos legales regulan diversos aspectos clave de la gestión de datos personales, incluyendo su calidad, la información proporcionada en su recogida, el consentimiento del afectado, la seguridad de los datos y el deber de secreto.

Comprender estos principios no solo es esencial para garantizar el cumplimiento normativo en empresas e instituciones, sino también para asegurar el respeto de los derechos fundamentales de los ciudadanos.

CALIDAD DE LOS DATOS: PRINCIPIO DE EXACTITUD Y LIMITACIÓN

Uno de los aspectos fundamentales de la protección de datos es garantizar que la información tratada sea veraz, precisa y relevante para el propósito con el que ha sido recogida. El artículo 5 del RGPD establece los principios que rigen el tratamiento de datos personales, entre los cuales se encuentra el principio de exactitud.

Principios claves de la calidad de los datos

Para cumplir con la normativa, los datos deben:

- Ser exactos y estar actualizados: la organización responsable del tratamiento debe tomar medidas razonables para corregir o eliminar información incorrecta o desactualizada.

- Adecuarse a la finalidad: no deben recopilarse datos personales que no sean necesarios para la finalidad establecida.

- Evitar la conservación indefinida: los datos no pueden almacenarse más tiempo del necesario para el propósito legítimo de su recogida.

Aplicación práctica

Las empresas deben implementar procedimientos de revisión y actualización de los datos personales que manejan. Por ejemplo:

- Verificación periódica de la exactitud de la información en bases de datos.

- Corrección automática de errores en nombres, direcciones y otros datos personales.

- Eliminación de registros innecesarios tras el cumplimiento de la finalidad para la que fueron recogidos.

DERECHO DE INFORMACIÓN EN LA RECOGIDA DE DATOS

La transparencia es uno de los pilares de la protección de datos. Cuando una organización recopila información personal, debe informar a los afectados sobre:

- La identidad del responsable del tratamiento.

- La finalidad de la recogida de datos.

- Los derechos que les asisten (acceso, rectificación, supresión, limitación, oposición y portabilidad).

- Las bases legales del tratamiento.

Este derecho garantiza que los ciudadanos puedan tomar decisiones informadas sobre cómo se utilizarán sus datos.

Requisitos en la recogida de datos

Según el artículo 13 del RGPD y la LOPDGDD, la información debe proporcionarse en un formato accesible y comprensible. Debe evitarse el uso de terminología jurídica compleja que pueda dificultar la comprensión.

Ejemplo práctico:

- Cuando una persona se registra en un sitio web, debe recibir una política de privacidad clara que explique cómo se utilizarán sus datos y cómo puede ejercer sus derechos.

CONSENTIMIENTO DEL AFECTADO: BASE LEGAL DEL TRATAMIENTO

El consentimiento es uno de los mecanismos legales más relevantes para el tratamiento de datos personales. Según el RGPD, debe ser libre, informado, específico y revocable.

Características del consentimiento válido

Para que el consentimiento sea legalmente válido, debe cumplir con los siguientes criterios:

- Debe otorgarse de manera expresa: no se permite el consentimiento tácito ni por omisión.

- Debe ser informado: el afectado debe conocer cómo, por qué y por quién serán tratados sus datos.

- Debe poder revocarse en cualquier momento: sin consecuencias negativas para el afectado.

Situaciones en las que NO es necesario el consentimiento

El RGPD establece que el consentimiento no es necesario cuando el tratamiento de datos se basa en:

- El cumplimiento de una obligación legal.

- La ejecución de un contrato.

- El interés legítimo del responsable (siempre que no perjudique los derechos del afectado).

Ejemplo práctico:

Si una empresa presta un servicio bancario, no necesita pedir consentimiento para tratar datos financieros de un cliente porque es necesario para cumplir el contrato.

SEGURIDAD DE LOS DATOS: PROTECCIÓN CONTRA AMENAZAS

La normativa de protección de datos establece la obligación de garantizar la seguridad de la información personal frente a accesos no autorizados, alteraciones o pérdidas.

Medidas de seguridad

Las empresas deben aplicar medidas técnicas y organizativas adecuadas para proteger los datos. Algunos ejemplos incluyen:

- Cifrado de información sensible.

- Acceso restringido mediante autenticación multifactor.

- Copias de seguridad y recuperación ante incidentes.

- Capacitación del personal sobre protección de datos.

Responsabilidad en caso de brechas de seguridad

Si una empresa sufre una filtración de datos debe:

1. Informar a la autoridad de protección de datos en un plazo de 72 horas.

2. Notificar a los afectados si la filtración compromete su seguridad o privacidad.

3. Implementar medidas correctivas para evitar que el incidente se repita.

Ejemplo práctico:

Si un hospital pierde registros médicos de pacientes debido a un fallo en sus servidores debe notificar inmediatamente a la Agencia Española de Protección de Datos y tomar medidas para proteger la información afectada.

DEBER DE SECRETO: PROTECCIÓN CONTRA EL USO INDEBIDO

El deber de secreto garantiza que las personas con acceso a datos personales no divulguen ni utilicen la información de manera indebida.

Obligaciones del responsable del tratamiento y encargados

- Garantizar la confidencialidad de la información personal.
- Limitar el acceso a los datos solo a quienes lo necesiten por razones laborales.
- Evitar el uso de datos para fines distintos a los declarados.

Sanciones por incumplimiento

El uso indebido de datos personales puede generar graves sanciones económicas según el RGPD y la LOPDGDD. Las multas pueden alcanzar hasta 20 millones de euros o el 4 % del volumen de negocio anual global.

Ejemplo práctico:

Si un empleado de una entidad bancaria divulga información sobre las cuentas de clientes sin autorización, la empresa puede enfrentarse a sanciones severas por incumplimiento del deber de secreto.

COMUNICACIÓN DE DATOS: LÍMITES Y OBLIGACIONES EN EL TRATAMIENTO

La comunicación de datos hace referencia al proceso mediante el cual una entidad cede o comparte información personal con terceros, ya sean otras empresas, instituciones o particulares. Este intercambio de información debe cumplir con criterios de legalidad, transparencia y seguridad, evitando usos indebidos o accesos no autorizados.

Principios generales de la comunicación de datos

Según el RGPD y la LOPDGDD, los datos personales solo pueden comunicarse bajo ciertas condiciones específicas. Entre los principios que regulan la comunicación de datos destacan:

- Licitud del tratamiento: la cesión de datos debe basarse en una base legal, como el consentimiento del afectado, el cumplimiento de un contrato, una obligación legal o un interés legítimo.
- Transparencia: las personas deben ser informadas sobre la comunicación de sus datos, incluyendo a quién se ceden y con qué propósito.

- Limitación de finalidad: los datos solo pueden compartirse para el propósito establecido en el momento de su recogida, no para otros fines sin autorización previa.

- Seguridad: deben aplicarse medidas técnicas y organizativas para proteger los datos en su transmisión y evitar accesos no autorizados.

Situaciones en las que se permite la comunicación de datos

La legislación establece ciertos escenarios en los que la comunicación de datos personales está permitida. Algunos ejemplos son:

- Cumplimiento de obligaciones legales: si la ley exige compartir información con organismos públicos (ejemplo: agencias tributarias, Seguridad Social).

- Intereses vitales del afectado: en situaciones donde el tratamiento de datos es necesario para proteger la vida o la salud de una persona.

- Ejecución de un contrato: cuando el intercambio de datos es imprescindible para cumplir un acuerdo entre el afectado y el responsable del tratamiento.

- Transferencias internacionales con garantías: en casos donde los datos deben enviarse fuera de la UE, siempre que el país receptor tenga protecciones legales adecuadas o haya mecanismos de seguridad (como cláusulas contractuales estándar).

Obligaciones de las empresas en la comunicación de datos

Las entidades que comunican datos personales deben:

- Informar al afectado sobre la cesión de sus datos y su finalidad.

- Garantizar que el tercero que recibe los datos cumple con la normativa de protección de datos.

- Aplicar medidas de seguridad adecuadas para prevenir filtraciones o usos indebidos.

- Firmar acuerdos de tratamiento de datos con los terceros que recibirán información, asegurando el cumplimiento del RGPD.

Ejemplo práctico:

Si una empresa de seguros cede datos de clientes a una compañía de asistencia médica, debe garantizar que la información solo se use para los fines contractuales, sin ser utilizada para otros propósitos sin consentimiento previo.

PRINCIPALES DERECHOS CONFERIDOS A LAS PERSONAS FÍSICAS

La normativa de protección de datos garantiza a los ciudadanos un conjunto de derechos fundamentales para que puedan controlar el uso de su información personal. Estos derechos permiten exigir transparencia, seguridad y responsabilidad en el tratamiento de datos personales.

Derecho de acceso

Las personas tienen derecho a obtener información sobre si sus datos personales están siendo tratados, quién los gestiona, con qué finalidad y qué tipo de información se conserva.

- Se puede solicitar un informe detallado sobre los datos almacenados.
- El responsable del tratamiento debe responder en un plazo máximo de un mes.
- Si la solicitud no es atendida, el afectado puede presentar una reclamación ante la Agencia Española de Protección de Datos.

Ejemplo práctico:

Un usuario solicita a una entidad bancaria que lo informe de qué datos personales conserva sobre él y para qué los utiliza. La entidad está obligada a responder con información clara y accesible.

Derecho de rectificación

Permite a los ciudadanos corregir datos personales inexactos o desactualizados.

- Si una organización tiene información incorrecta sobre un afectado, este puede exigir su actualización inmediata.
- La rectificación debe realizarse en un plazo razonable, sin costos adicionales para el ciudadano.

Ejemplo práctico:

Si una compañía de seguros tiene mal registrado el nombre o dirección de un cliente, el afectado puede solicitar la corrección para evitar errores en sus comunicaciones o contratos.

Derecho de supresión (derecho al olvido)

El derecho de supresión, también llamado derecho al olvido, permite solicitar la eliminación de datos personales cuando:

- Ya no son necesarios para la finalidad con la que fueron recogidos.
- El afectado retira su consentimiento y no existe otra base legal para el tratamiento.
- Se han tratado de forma ilícita.

Ejemplo práctico:

Un usuario solicita la eliminación de su cuenta y datos personales de una plataforma de redes sociales tras decidir dejar de utilizar sus servicios.

Derecho a la limitación del tratamiento

Permite a las personas exigir que sus datos no sean utilizados de manera activa, aunque no sean eliminados.

- Se aplica en casos donde el afectado impugna la exactitud de sus datos o necesita restringir su uso temporalmente.

Ejemplo práctico:

Si un usuario detecta errores en su historial de crédito, puede solicitar la limitación del tratamiento mientras se verifican los datos.

Derecho a la portabilidad

Las personas pueden solicitar que sus datos sean transferidos de un responsable a otro, en un formato estructurado y accesible.

- Aplicable en servicios digitales como redes sociales, telefonía móvil y banca *online*.
- Facilita la migración de datos entre proveedores de servicios.

Ejemplo práctico:

Un cliente solicita que su historial de datos bancarios sea transferido de un banco a otro, sin necesidad de introducir manualmente la información.

AUTOEVALUACIÓN

3.1. Los ciudadanos pueden presentar solicitudes, escritos y comunicaciones dirigidos a la Administración General del Estado en:

A) Los registros de las Administraciones de las comunicaciones autónomas.

B) Los registros de las Administraciones de las entidades locales.

C) Los registros de las Administraciones de los consorcios públicos.

3.2. Las copias compulsadas acreditan la autenticidad del documento original:

A) Siempre.

B) Nunca.

C) Solo si las compulsa el organismo público que generó el documento original.

3.3. En caso de existencia de indicios racionales de comisión de un delito, ¿es posible acudir al arbitraje de consumo?

A) Sí.

B) No.

C) Sí, cuando están ambas partes de acuerdo.

3.4. La herramienta técnica más habitual para proceder a la captación de documentos es:

A) La cámara fotográfica.

B) La fotocopiadora.

C) El escáner.

3.5. Los tres tipos fundamentales de documentos administrativos son:

A) Iniciación, instrucción y terminación.

B) Primarios, secundarios y terciarios

C) Definición de gestión y de cierre.

3.6. Los archivos existentes en todos los órganos y unidades administrativas para la custodia de los documentos en fase de tramitación o sometidos a continua utilización y consulta administrativa se denominan:

A) De oficina o de gestión.

B) De tramitación.

C) De actividad administrativa.

3.7. Los tres tipos existentes de copias de seguridad son las siguientes:

A) De gestión, de funcionamiento y diferencial.

B) Íntegra, accidental y parcial.

C) Íntegra, adicional y diferencial.

3.8. La copia que se limita a los datos que han sido alterados desde el momento en que se llevó a cabo la copia íntegra más reciente recibe el nombre de:

A) Diferencial.

B) Parcial.

C) De gestión.

3.9. Los documentos que tienen por objeto prestar asistencia a la gestión de la dependencia u oficina a la que estén asignados se conocen como:

A) Asistenciales.

B) De apoyo informativo.

C) Complementarios.

3.10. El modo de catalogar documentos que incluye los títulos de los diferentes capítulos o sectores con los que cuenta el documento es definido como:

A) Analítico.

B) Complejo.

C) Indexado.

ACTIVIDADES PRÁCTICAS

3.1. Busca en internet *software* para la realización de copias de seguridad, tanto gratuito como de pago, analiza la aplicación que consideres más práctica para tu empresa en cada una de las dos categorías. Razona tu respuesta.

3.2. Busca el listado de empresas de tu área geográfica o sector económico que se hallan adheridas al sistema arbitral de consumo. Analiza la documentación sobre solicitudes que aparece en la correspondiente web de tu comunidad autónoma.

3.3. Busca en la web de la Agencia Española de Protección de Datos la forma de presentar una denuncia *online* y las instrucciones para rellenar el formulario. Infórmate en la misma página acerca de los ficheros inscritos por alguna conocida empresa de tu zona, e indica los nombres de dichos ficheros. ¿Qué ficheros crees que debería inscribir en la AEPD la empresa en la que trabajas o hayas trabajado?

4. Bases de datos y centros documentales en consumo

Contenido

Las bases de datos son un elemento fundamental de los análisis en materia de consumo, toda vez que existe un muy amplio número de variables que analizar y, dentro de cada una de las mismas, una serie de datos que puede ser muy extensa y requiere de aplicaciones informáticas para su adecuada gestión y la obtención de resultados y conclusiones.

4.1. Centros documentales y/o bancos y bases de datos en consumo: el CIDOC

En el Apartado 1.2.2 de este manual se hace una descripción detallada del CI-DOC (Centro de Información y Documentación en Consumo), organismo que se halla integrado en la estructura de la AECOSAN (Agencia Española de Consumo, Seguridad Alimentaria y Nutrición).

4.2. Planificación y diseño de un sistema gestor de base de datos según productos y sectores

Las bases de datos han de ser estructuradas y diseñadas teniendo presente factores tales como los tipos de informaciones que habrán de incorporarse a las mismas, así como el nivel de acceso a sus datos que tendrá cada miembro de la organización o las normas de seguridad que serán necesarios para preservar la integridad de la información.

4.2.1. Información que incorporar

La información que hay que incorporar a una base de datos dependerá completamente de la naturaleza tanto de la empresa u organización como de la concreta base de datos de que se trate. Las materias que hay que incorporar pueden alcanzar aspectos tales como personal, inversiones, contabilidad, inventarios o cualquier otra materia. Y, dentro del área de consumo, cuestiones como listados de reclamaciones, normas legislativas, empresas adheridas al sistema arbitral o informes jurídicos pueden ser los datos e informaciones que se incorporen a las bases de datos.

Los mismos se incorporan a un sistema gestor de bases de datos (SGBD) o, en inglés, *database management system* (DBMS), que consiste en una aplicación que facilita la creación de bases de datos, además de la selección de las estructuras de datos que son precisas para almacenar y buscar los datos mediante alguno de los sistemas existentes. El SGBD permite que los datos sean definidos en diversos niveles de abstracción, así como gestionar los datos manteniendo tanto la integridad como la conservación segura de dichos datos.

Entre los sistemas gestores de bases de datos más conocidos se encuentran MySQL, Oracle, SQL Server, PostgreSQL o DB2.

Los sistemas gestores de bases de datos han de ser capaces de alcanzar estos objetivos:

- Lograr una definición de la base de datos, determinando los tipos de datos que se deben incorporar, así como las restricciones y estructuras de sus datos.

- Creación de la base de datos en el modo establecido por el autor de la misma.

- Gestionar los datos, pudiendo consultar los datos albergados, así como producir informes sobre los mismos o actualizarlos cuando así corresponda.

Un sistema gestor de bases de datos reúne las siguientes características:

- Abstracción acerca de la información: las personas que utilizan el SGBD no conocen el modo en que los datos se hallan almacenados, bien en una única base de datos o en una multiplicidad de las mismas.

- Seguridad: evitando que los datos sufran en su integridad ante supuestos tales como averías en el *hardware* o fallos en la alimentación eléctrica. Igualmente, deberá proteger los datos de accesos no deseados con el ánimo de consultarlos, de alterarlos o de eliminarlos de forma no autorizada. Se establecerán por parte del SGBD controles mediante diversos niveles de autorización de acceso.

- Control de situaciones de concurrencia: ante el acceso de diversas personas al mismo tiempo a una misma base de datos, se evitará que se produzcan problemas derivados de dicha concurrencia.

- Control de redundancia: el SGBD deberá impedir de forma absoluta o, en su caso, reducir hasta un nivel mínimo, la generación de información redundante o repetida.

- Copia de respaldo y recuperación: el SGBD ha de permitir la realización de copias de respaldo de los datos almacenados, dando lugar a que, con base en las mismas, se produzca la recuperación de los datos que hubiesen podido perderse.

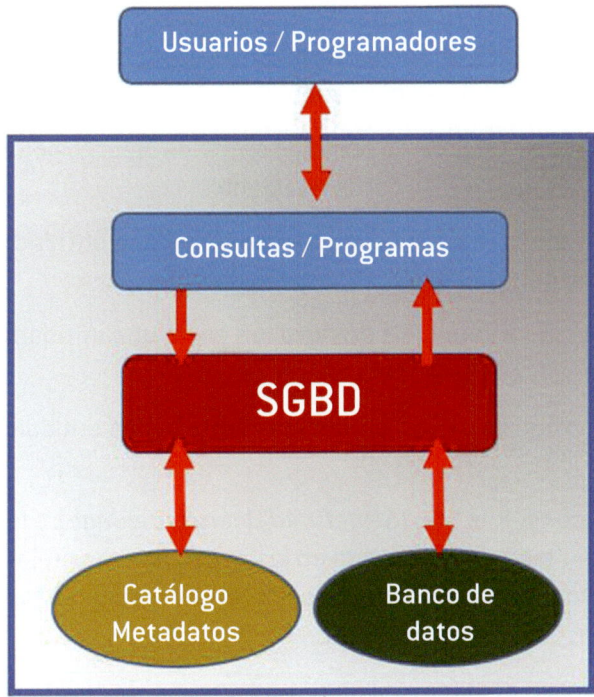

Figura 4.1. Estructura de un SGBD.

4.2.2. Estructura de la base de datos: relacionales y documentales

Las bases de datos relacionales están formadas por una serie de tablas, parecidas a las tablas que existen en las hojas de cálculo, constituidas por columnas o campos y por filas o registros. Los registros hacen referencia a los objetos que se describen en la tabla y los campos representan los atributos que corresponden a los objetos. En las bases de datos relacionales, las tablas cuentan con campos comunes entre las mismas. Estos campos que son comunes a las tablas van a permitir construir relaciones entre las mismas que faciliten la realización de consultas complejas.

La clave de las bases de datos consiste en la presencia de entidades (filas existentes en una tabla), que se caracterizan por atributos (columnas en una tabla). Cada una de las tablas almacena entidades de idéntico tipo y entre entidades de diferente tipo se crean relaciones.

Los atributos pueden tener la siguiente naturaleza: números reales, números enteros, cadenas de caracteres de extensión variable. A esta clase de atributos simples se los llama tipos atómicos y dan lugar a un incremento de la eficacia en el empleo de la base de datos, si bien disminuye la flexibilidad en el manejo de los elementos de superior complejidad en el mundo real y se incrementa la dificultad en el manejo de los datos espaciales, con carácter general, se generan problemas en la gestión de datos geométricos.

Existen tres tipos de relaciones posibles entre los distintos elementos de dos tablas dentro de una base de datos relacional:

- Relaciones uno a uno: se llevan a cabo entre una entidad de una tabla y otra entidad perteneciente a una tabla distinta.

- Relaciones uno a varios: se desarrollan entre una entidad de una tabla y varias entidades de una tabla diferente.

- Relaciones varios a varios: producidas entre varias entidades de distintas tablas.

El lenguaje de consultas SQL (*Structured Query Language*) o lenguaje estructurado de consultas es el empleado en las bases de datos relacionales. Sobre la base del mismo se han desarrollado diferentes versiones tales como Microsoft SQL Server, DB2, Oracle o MySQL.

Una base de datos documental se define como el conjunto de información que se encuentra estructurada en registros que son legibles desde un terminal informático. Cada uno de los registros es una unidad autónoma de información que, a su vez, puede estructurarse en diferentes clases de datos o campos que se encuentran recogidos en la citada base de datos.

Los registros que existen en las bases de datos documentales pueden incorporar o no el contenido íntegro de los documentos que describen, en base a lo cual existen dos categorías principales distintas:

- Bases de datos de texto completo: formadas por los documentos, que se hallan en formato digital, mediante un volcado íntegro del texto que contienen. Además, pueden incluir campos en los que se contenga la información necesaria para permitir su descripción y recuperación. Las operaciones de búsqueda y consulta del documento se llevan a cabo sin salir del mismo sistema de información.

- Archivos digitales de imágenes: integrados por referencias que permiten un enlace directo con la imagen del documento original, bien se trate de un documento fotográfico o de un impreso que ha sido digitalizado en uno de los diferentes formatos de imagen existentes. Habitualmente, en este caso, las búsquedas se limitan a los campos de referencia bibliográfica, no pudiéndose localizar términos distintos a los mismos que se hallen en el texto completo existente en el documento original.

Las bases de datos documentales se clasifican en función de diversos criterios:

- Modelo de tratamiento documental.

- Cobertura documental.

- Organismo que lo produce.

- Cobertura telemática.

- Destinatario.

- Modo de acceso.

4.2.3. Estructura y nomenclatura de las tablas en función del contenido

Las bases de datos son series de informaciones que se vinculan con una materia concreta, como pueden ser las consultas realizadas en materia de consumo o las sanciones impuestas en el mismo ámbito.

En el supuesto de que la base de datos no se hallase almacenada en un único equipo informático o que solo lo esté parcialmente, es posible que sea preciso buscar la información en distintos orígenes que habrán de ser coordinados. En este caso, si se modifica, por ejemplo, la dirección de una empresa en un archivo, el mismo se verá modificado igualmente en todos los archivos en los que se halle recogido tal dato (empresas adheridas al sistema arbitral de consumo, empresas de un determinado sector productivo y empresas sancionadas por malas prácticas en materia de consumo, por ejemplo).

Programas como Microsoft Access permiten administrar la totalidad de los datos en un único archivo de base de datos. Dentro del mismo pueden emplearse:

- Tablas para almacenar datos.

- Consultas para la búsqueda y recuperación de datos.

- Formularios para observar, añadir o modificar los datos.

- Informes para realizar análisis o imprimir los datos.

Dichos elementos, es decir, las tablas, las consultas, los formularios y los informes son objetos que forman una base de datos. Los mismos se analizarán a continuación.

- Tablas y relaciones: con el objeto de almacenar los datos, se crean tablas diferenciadas para cada uno de los tipos de información que se considera de relevancia y resulta de interés para el creador de la tabla. Cuando se desea vincular los datos que provienen de diferentes tablas en una única consulta, informe o formulario, deben determinarse las relaciones que se generan entre las diferentes tablas.

- Consultas: las consultas permiten recuperar los datos que reúnan las condiciones que se establezcan. Las consultas pueden emplearse igualmente para modificar, eliminar o consultar diversos registros a la vez. Igualmente permiten efectuar distintos tipos de cálculos con los datos.

- Formularios: los formularios tienen la potencialidad de observar, introducir o modificar los datos que se hallan en filas de una en una en un modo sencillo. Igualmente pueden emplearse para efectuar otro tipo de acciones tales como el envío de datos a otras aplicaciones. Los formularios incluyen habitualmente controles que se hallan relacionados con campos subyacentes que se encuentran en las tablas. Cuando se abre un formulario, la aplicación recupera los datos de una o de diversas tablas y los expone en el diseño que haya sido seleccionado en el momento en que fue creado el formulario.

- Informes: los informes pueden emplearse para realizar análisis rápidos de los datos o bien para mostrarlos en una forma determinada o imprimirlos. Por ejemplo, pueden imprimirse etiquetas con los nombres de los asistentes a una determinada reunión.

Tras crear una tabla y guardarla por vez primera, se le otorgará un nombre que detalle los datos que integra.

La denominación de las tablas en Access se rige de acuerdo a las siguientes normas: pueden emplearse nombres de hasta 64 caracteres, pudiéndose seleccionar combinaciones de letras, números, espacios y caracteres especiales, con algunas excepciones tales como punto (.), signo de exclamación (!), corchetes ([]), espacio, signo igual (=) u otras como ' / \ : ; ¿ * ? « ' < > | # < TAB > { } % ~ &.

Respecto de los nombres de campos, control y objetos en Access.

En Microsoft Access, los nombres de los campos, control y objetos:

- Pueden tener hasta 64 caracteres.

- Pueden incluir cualquier combinación de letras, números, espacios y caracteres especiales, excepto el punto (.), el signo de exclamación (!), el acento grave (`) y los corchetes ([ ]).

- No pueden comenzar por un espacio en blanco.

- No pueden contener caracteres de control (valores ASCII de 0 a 31).

- No pueden incluir comillas dobles (") en los nombres de tablas, vistas o procedimiento almacenado en un procedimiento almacenado de un proyecto de Microsoft Access.

4.2.4. Control de redundancia de la información

Se define la normalización de una base de datos como el proceso a través del cual se organizan los datos contenidos en la misma. Entre las opciones que la normalización tiene se halla la creación de tablas, así como el establecimiento de relaciones entre dichas tablas de acuerdo a reglas que se encuentran diseñadas para incrementar la protección de los datos, así como para dotar a la base de datos de flexibilidad mediante la eliminación de la redundancia y de las dependencias que carezcan de coherencia.

La redundancia de datos supone un uso innecesario de espacio de almacenamiento. Sin embargo, la importancia de este problema se reduce de manera paulatina en consonancia con la disminución del coste de almacenaje de datos. En función del mayor número de tablas en las cuales se encuentre un determinado dato, las modificaciones del mismo implicarán una mayor complejidad.

Debe evitarse la aparición de dependencias incoherentes, es decir, la vinculación entre tablas que no tienen relación lógica entre las mismas, dado que ello puede dificultar el acceso, ya que la ruta para localizar los datos puede no existir o haber sido interrumpida.

Existen tres normas básicas para normalizar las bases de datos. Cada una de las reglas recibe el nombre de «norma formal». Cuando la primera norma es cumplida, se afirma que la base de datos se halla en la «primera norma formal», en el caso de que se cumplan las tres primeras reglas, se afirme que la base de datos se halla en la «tercera forma normal», la cual es estimada como el máximo nivel de normalización para la gran mayoría de las aplicaciones.

En la actividad ordinaria de las empresas e instituciones, no siempre se cumplen las tres normas debido, principalmente, al deseo de ahorrar el trabajo que tal proceso implica. En todo caso, si se admite el incumplimiento de alguna de las normas, tiene que estar prevista la forma de resolver los problemas que de tal situación pudieran derivarse.

Las tres primeras normas formales son las siguientes:

- Primera norma formal:
    - Eliminar los grupos que se hallen repetidos en las tablas individuales.
    - Crear tablas independientes para cada conjunto de datos que se encuentren relacionados.
    - Identificar cada uno de los conjuntos que se encuentren relacionados con una clave principal.

    No han de emplearse distintos campos en una única tabla para proceder al almacenado de datos similares.

- Segunda norma formal:
    - Crear tablas independientes para conjuntos de valores que sean aplicables a diversos registros.
    - Relacionar dichas tablas mediante una tabla externa.

    Los registros no han de ser dependientes de ningún elemento que no sea una clave principal (que puede ser compuesta) de una tabla.

- Tercera norma formal:
    - Eliminar los campos que no sean dependientes de la clave.

    Los valores de un registro que no formen parte de la clave de ese registro no forman parte de la tabla.

Existen tanto la cuarta, denominada Forma Normal de Boyce Codd (BCNF, Boyce Codd *Normal Form*), como la quinta norma formal, sin embargo no se aplican generalmente en la actividad real ordinaria. El hecho de que dichas normas no se cumplan no implica que la base de datos se halle incorrectamente diseñada, sino que no habrá alcanzado el máximo de perfección.

4.2.5. Determinación de administradores responsables del sistema

La determinación de los administradores que sean responsables del sistema supone, para el responsable de los datos, una decisión relevante que debe adoptar. Su responsabilidad consiste en mantener y gestionar las bases de datos que integran el sistema de información de una organización.

Con carácter general, el administrador del sistema debe ser un experto en *software*, especializado en sistemas de gestión de bases de datos, así como en el lenguaje SQL. Será necesario igualmente un elevado nivel de conocimientos de diversos lenguajes de programación para tener la capacidad de automatizar determinadas tareas.

Una de sus principales funciones es la de garantizar la seguridad del sistema de información de la organización. Un nivel muy elevado de conocimiento del SGBD permitirá que las consultas sean optimizadas y se sincronicen adecuadamente las herramientas que permiten el acceso a la base de datos.

Entre las tareas del administrador de una base de datos se hallan las de prestar asistencia técnica a los usuarios de las aplicaciones, cliente, o a las personas que desarrollan dichas aplicaciones. Igualmente, por sí mismo o, en su caso, en colaboración con los responsables del área de seguridad informática, determinará el proceso de creación de copias de seguridad, así como los sistemas para restaurar los datos contenidos en las correspondientes bases que se encuentren bajo su responsabilidad.

Es fundamental que el administrador de bases de datos tenga un conocimiento extenso de las aplicaciones empleadas en la organización, siendo deseable que cuente con experiencia tanto en el ámbito de diseño de sistemas de información como de modelos UML (lenguaje unificado de modelos).

4.2.6. Claves y niveles acceso a usuarios

Las bases de datos requieren de claves para proteger el acceso de usuarios no autorizados a las mismas. Cada aplicación cuenta con un sistema propio de creación y gestión de claves, pero, con carácter general puede indicarse que las claves de cifrado tienen por objeto la protección de los datos, las credenciales, así como de la información que se halla contenida en una base de datos servidor.

Las aplicaciones pueden contar con dos modelos de clave distintas, las simétricas y las asimétricas. Las simétricas emplean idéntica contraseña tanto para cifrar como para descifrar los datos. Por el contrario, las asimétricas emplean contraseñas diferentes para cifrar los datos (clave pública) y para descifrarlos (clave privada).

Las claves de cifrado pueden contar con una combinación de claves privadas, públicas y simétricas que se emplean para proteger la integridad de la información reservada. La clave simétrica se genera durante la inicialización de la aplicación, la cual emplea la misma para proceder al cifrado de los datos confidenciales que se almacenan en la misma. El sistema operativo genera las claves públicas y privadas que son empleadas para brindar protección a la clave simétrica. Para cada una de las instancias de la aplicación que conserva datos confidenciales en una base de datos se genera un par de claves pública y privada.

Existe una serie de niveles de autorizaciones para acceder a la base de datos y poder efectuar operaciones en la misma. Las más destacadas son las siguientes, indicándose para cada nivel las capacidades que tiene asignadas, teniéndose presente que cada uno de los niveles de acceso tiene la capacidad de llevar a cabo todas las funciones asignadas a los niveles inferiores al propio:

- Gerente:
  - Eliminación de la base de datos.
  - Codificación de la base de datos.
  - Modificación de los parámetros de replicación.
  - Modificación de la lista de control de acceso de la base de datos.
- Diseñador:
- Creación de índices de texto.
- Modificación de los elementos que configuran el diseño de la base de datos (formularios, campos, vistas, icono de la base de datos y los documentos «uso de» y «acerca de»).
- Editor:
  - Creación de documentos.
  - Edición de todos los documentos, incluso de los que hayan sido creados por usuarios diferentes de la base de datos.
  - Consulta de los documentos, excepto si existe un campo de lectores en el formulario.
- Autor: el nivel de acceso denominado autor no permite necesariamente la posibilidad de creación de documentos. En el momento que se asigna el nivel de acceso como autor bien a un usuario o a un servidor, habrá de indicarse de forma expresa la capacidad de crear documentos.
  - Creación de documentos.

- Edición de los documentos que cuenten con un campo de autores en el mismo y el usuario se halle incluido en la lista del citado campo.

- Consulta de los documentos, excepto si existe un campo de lectores en el formulario.

- Lector: el nivel de acceso denominado lector permite consultar todos los documentos, exceto que haya un campo de lectores dentro del formulario. En dicho supuesto, exclusivamente podrá consultarlos en el caso de que su nombre se halle incluido en el citado campo.

  - Consulta de documentos.

- Depositante:

  - Creación de documentos.

- Sin acceso:

  - Carece de acceso a la base de datos, con las únicas excepciones de poder crear o leer documentos públicos, en el caso de que esta opción se halle prevista.

4.2.7. Restricción de datos: niveles de consulta, actualizaciones, generación de informes

Tal como se indicaba en el apartado interior, la empresa deberá determinar los diversos niveles de acceso a los datos almacenados en la base o bases con las que cuente la empresa.

La clave es llegar a un acuerdo en el que la empresa funcione de forma ágil, pero a la vez se garantice que los datos reservados o confidenciales solo puedan ser consultados por las personas que hayan de conocerlos por razones de trabajo.

Una excesiva seguridad de los datos produciría la consecuencia de que muy pocas personas podrían acceder a los mismos, con lo que, en el desarrollo de las actividades profesionales, se generarán dificultades al no poder consultar datos precisos para ejercer tareas propias del puesto de trabajo.

Cada empresa creará los niveles que estime oportunos, como ejemplo se muestran los distintos roles de nivel de base de datos que existen en Microsoft SQL Server, que incorpora tanto roles fijos, que se hallan predefinidos en la base de datos, así como roles flexibles de base de datos, que pueden ser creados por la empresa de acuerdo a sus necesidades.

Nombre de rol de nivel de base de datos	Descripción
db_owner	Los miembros del rol fijo de base de datos **db_owner** pueden realizar todas las actividades de configuración y mantenimiento en la base de datos y también pueden eliminar la base de datos.
db_securityadmin	Los miembros del rol fijo de base de datos **db_securityadmin** pueden modificar la pertenencia a roles y administrar permisos.Si se agregan entidades de seguridad a este rol, podría habilitarse un aumento de privilegios no deseado.
db_accessadmin	Los miembros del rol fijo de base de datos **db_accessadmin** pueden agregar o quitar el acceso a la base de datos para inicios de sesión de Windows, grupos de Windows e inicios de sesión de SQL Server.
db_backupoperator	Los miembros del rol fijo de base de datos **db_backupoperator** pueden crear copias de seguridad de la base de datos.
db_ddladmin	Los miembros del rol fijo de base de datos **db_ddladmin** pueden ejecutar cualquier comando del lenguaje de definición de datos (DDL) en una base de datos.
db_datawriter	Los miembros del rol fijo de base de datos **db_datawriter** pueden agregar, eliminar o cambiar datos en todas las tablas de usuario.
db_datareader	Los miembros del rol fijo de base de datos **db_datareader** pueden leer todos los datos de todas las tablas de usuario.
db_denydatawriter	Los miembros del rol fijo de base de datos **db_denydatawriter** no pueden agregar, modificar ni eliminar datos de tablas de usuario de una base de datos.
db_denydatareader	Los miembros del rol fijo de base de datos **db_denydatareader** no pueden leer datos de las tablas de usuario dentro de una base de datos.

Figura 4.2. Roles de nivel de base de datos. Fuente: www.microsoft.com.

4.2.8. Sistemas y controles de seguridad: pérdida, modificación o destrucción fortuita de datos

En el Apartado 3.6.4 del manual se hace referencia a las copias de seguridad de los datos que pueden ser realizadas en orden para garantizar la integridad de los datos con los que cuenta una organización.

Existen diferentes aplicaciones que permiten la realización de copias de seguridad que garantizan la conservación de los datos con los que cuenta la empresa incluso en caso de daños en el *hardware* o de comisión de errores por parte de los trabajadores de la organización.

Los programas deberán configurarse de forma que la periodicidad frecuente de las mismas asegure que, en caso de producirse un problema con la conservación de los datos, el daño producido a la organización resulte minimizado al máximo posible.

4.3. Operaciones básicas de bases de datos en hojas de cálculo

Las bases de datos son herramientas informáticas que permiten a los interesados obtener un acceso rápido y eficaz a los datos en ellas recopilados, para realizar las consultas o estudios que se consideren necesarios.

Para la exposición de este tema emplearemos la aplicación Access, que forma parte de la *suite* Microsoft Office, que es la aplicación ofimática más empleada, desarrollada por Microsoft Corporation, se comercializa en una diversidad de opciones, cada una de ellas compuesta por una serie de programas diferente, por lo que corresponde al emprendedor decidir el que más se ajusta a sus necesidades y adquirirla, de forma que no se empleen recursos monetarios en aplicaciones que no vayan a ser posteriormente utilizadas.

4.3.1. Apertura, cierre, compactación y reparación de una base de datos

Para crear una nueva base de datos en Access, se selecciona la opción *abrir* en el menú de inicio de la aplicación:

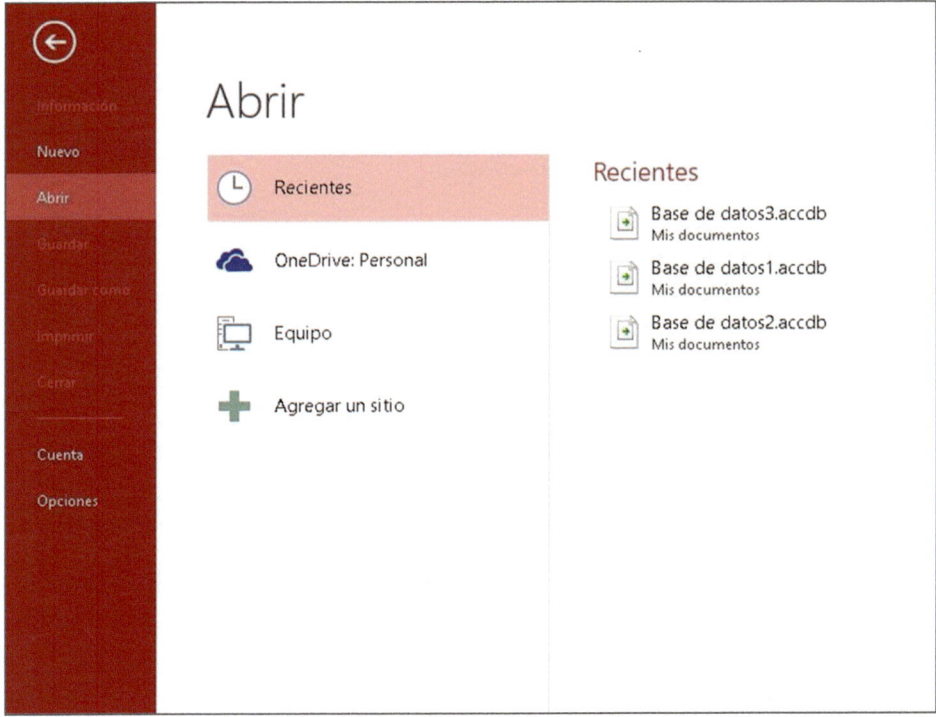

Figura 4.3. Abrir Access.

Posteriormente, se hace clic sobre la opción *nuevo:*

Figura 4.4. Seleccionar el nuevo documento Access.

Tras seleccionar *Base de datos del escritorio en blanco*, aparece la siguiente pantalla que permite decidir el nombre y ubicación de la nueva base de datos:

Figura 4.5. Poner nombre y ubicación a la nueva base de datos.

Compactar una base de datos implica dar solución al problema que puede derivarse del rápido crecimiento de los archivos de una base de datos, lo que puede implicar una disminución de su rendimiento e incluso un daño de dichos datos.

Al ir creciendo el número de datos incluido en una base y actualizándose los datos en ella contenidos. Igualmente, el tamaño de la base de datos se incrementa debido a que Access genera objetos temporales ocultos para llevar a cabo diferentes tareas y, en ocasiones, esos objetos se mantienen en la base de datos cuando ya no son necesarios para Access. Igualmente, cuando un objeto es eliminado de la base de datos, el archivo de la base de datos continúa empleando ese espacio en el disco aunque se hubiese suprimido el objeto.

En el caso de que el archivo de la base de datos se llene con los restos de los objetos temporales y suprimidos, es posible que las consultas y demás operaciones conlleven más tiempo del habitual en ejecutarse.

Adicionalmente, los archivos de una base de datos pueden ser dañados, por ejemplo, cuando un archivo de una base de datos es empleado a la vez por diversos usuarios que se encuentran conectados en red y se altera de modo reiterado los datos en los campos Memo. La posibilidad de que se produzcan esos daños puede reducirse empleando el comando *compactar y reparar base de datos.*

Habitualmente, los datos no se pierden en el caso de que resulten dañados, ya que, generalmente, la pérdida se extiende exclusivamente a la última acción que llevase a cabo el usuario. En el supuesto de que un usuario modifique datos y, por cualquier razón, el cambio es interrumpido, Access señala el archivo previo como dañado, pudiéndose reparar, pero puede que al terminar la reparación se hayan perdido algunos datos.

Para compactar y reparar de forma manual una base de datos que se halle abierta, se seleccionará la opción *compactar y reparar:*

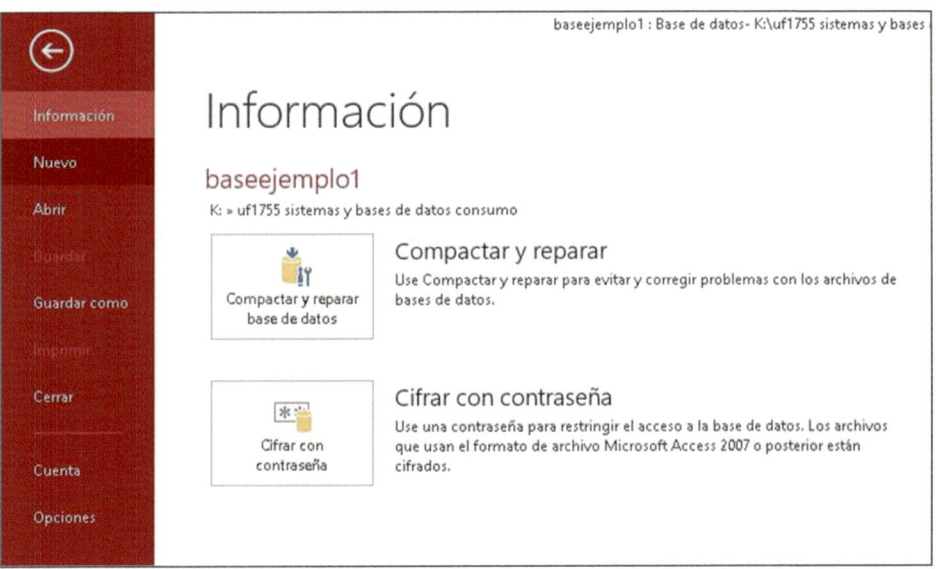

Figura 4.6. Reparar de forma manual una base de datos.

Una opción más cómoda es optar por la compactación y reparación automática de la base de datos cuando se cierra, para lo cual, en el menú de la imagen anterior, se seleccionará *opciones* y se activará la casilla de *compactar al cerrar.*

4.3.2. Cifrado y descifrado de una base

Cifrar una base de datos es el proceso a través del cual se transforma la información de manera que un usuario no autorizado no pueda leer los mismos. El usuario que cuente con la contraseña podrá descifrarla y acceder a los datos en su formato original. Para cifrar una base de datos, se abrirá la misma tal como se observa en la siguiente imagen.

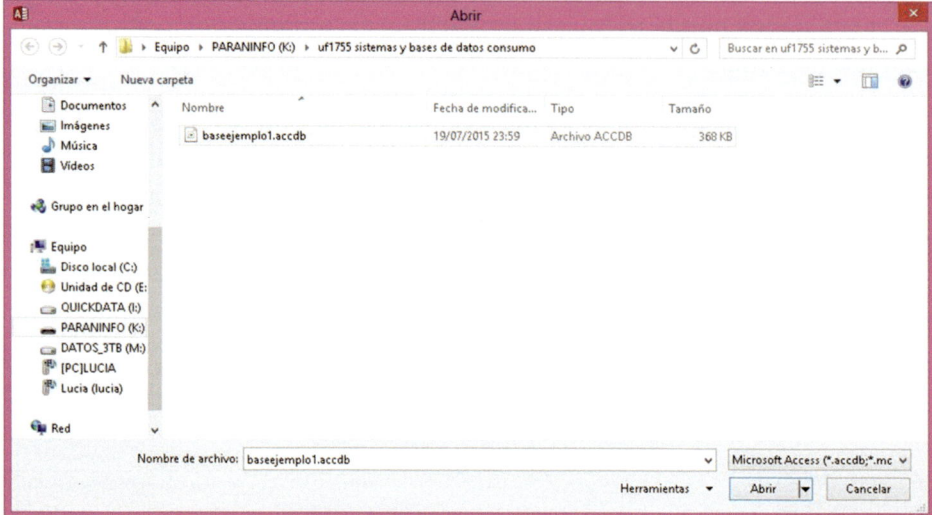

Figura 4.7. Cifrar una base de datos.

Posteriormente se seleccionará la opción *cifrar con contraseña:*

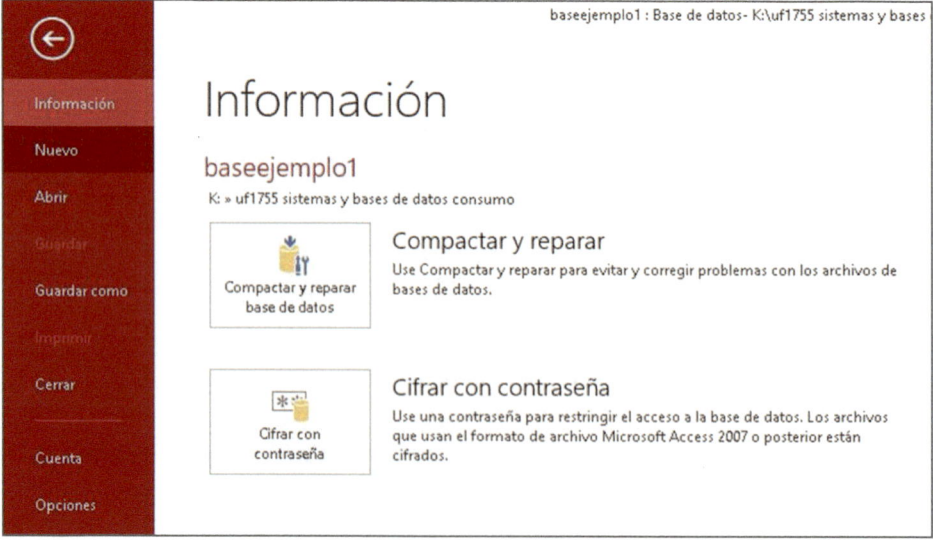

Figura 4.8. Cifrar con contraseña.

Se indicará la contraseña que se desea establecer, que deberá tratarse de una de difícil deducción para las personas no autorizadas, de manera que no pueda ser adivinada de forma sencilla por quien no deba conocerla.

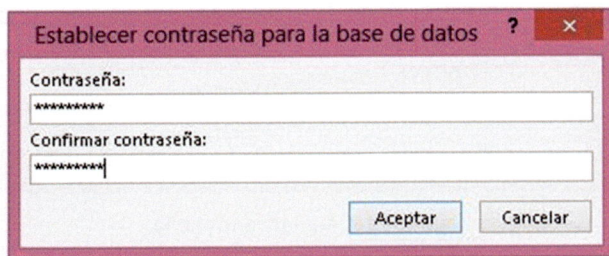

Figura 4.9. Establecer contraseña.

Para acceder al contenido del documento será preciso introducir la contraseña en el siguiente cuadro:

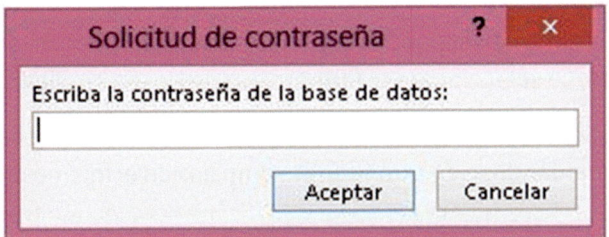

Figura 4.10. Solicitud de contraseña.

Para eliminar la protección por contraseña de una base de datos, se accederá al siguiente menú, donde se elegirá la opción de *descifrar base de datos:*

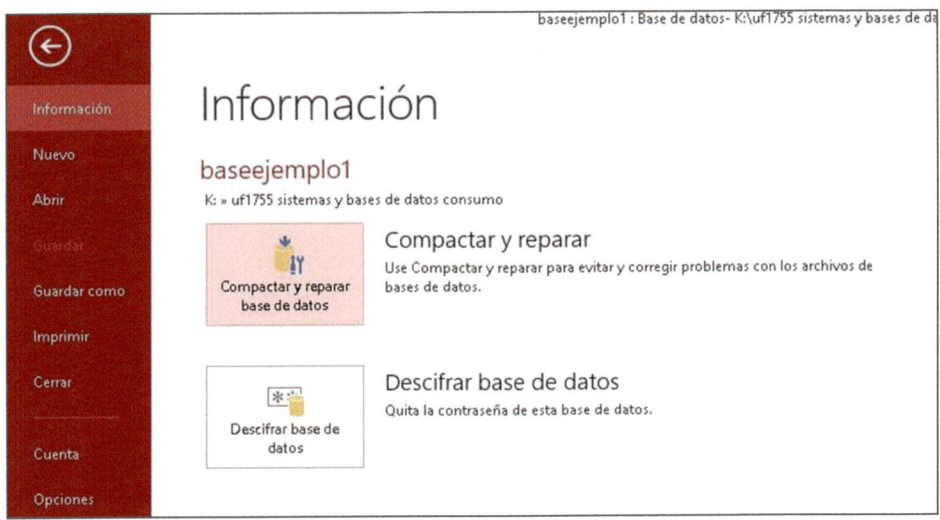

Figura 4.11. Eliminar contraseña.

Tras lo que aparecerá este cuadro para anular la contraseña:

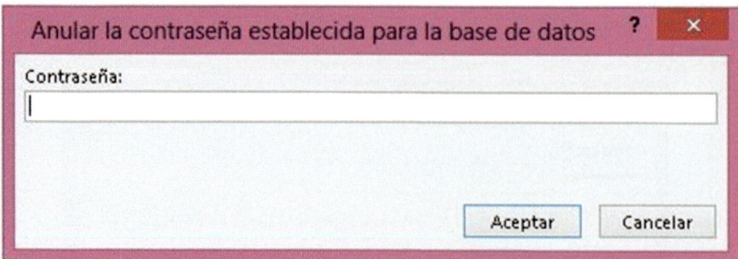

Figura 4.12. Anular contraseña.

4.3.3. Conversión de una base de datos

Una hoja de datos puede guardarse en diferentes formatos, en función, por ejemplo, de la versión de Access que tenga la persona a quien le va a ser enviada.

Para elegir el formato correspondiente, se seleccionará la opción *guardar como* y, posteriormente, se seleccionará el formato que se desee emplear.

Del mismo modo, una hoja de datos previamente existente puede convertirse a otro formato guardándose en otro formato empleando el mismo procedimiento.

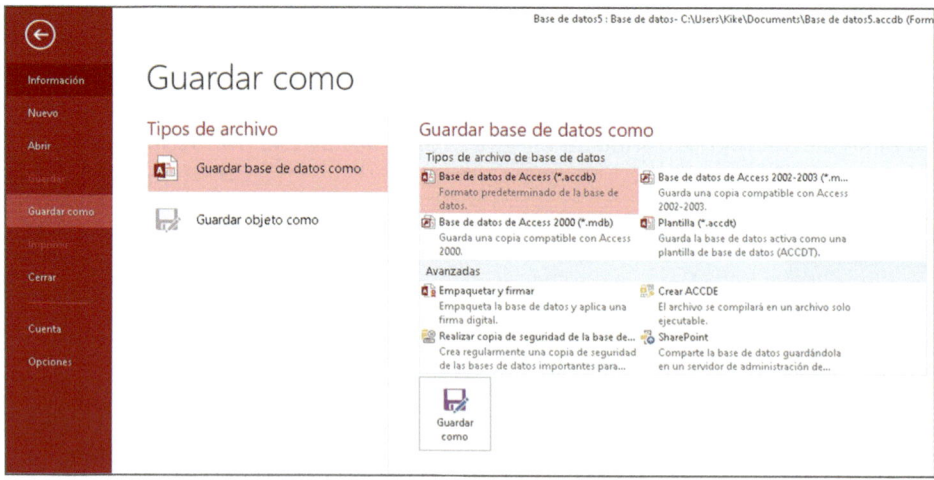

Figura 4.13. Cómo guardar una hoja de datos.

4.3.4. Ordenación

Para llevar a cabo la ordenación de los registros en una base de datos, se accede a la pestaña *crear*, posteriormente, seleccionaremos *diseño de informe:*

Figura 4.14. Cómo hacer una ordenación.

Y, después, se hará clic en la opción *agrupar y ordenar:*

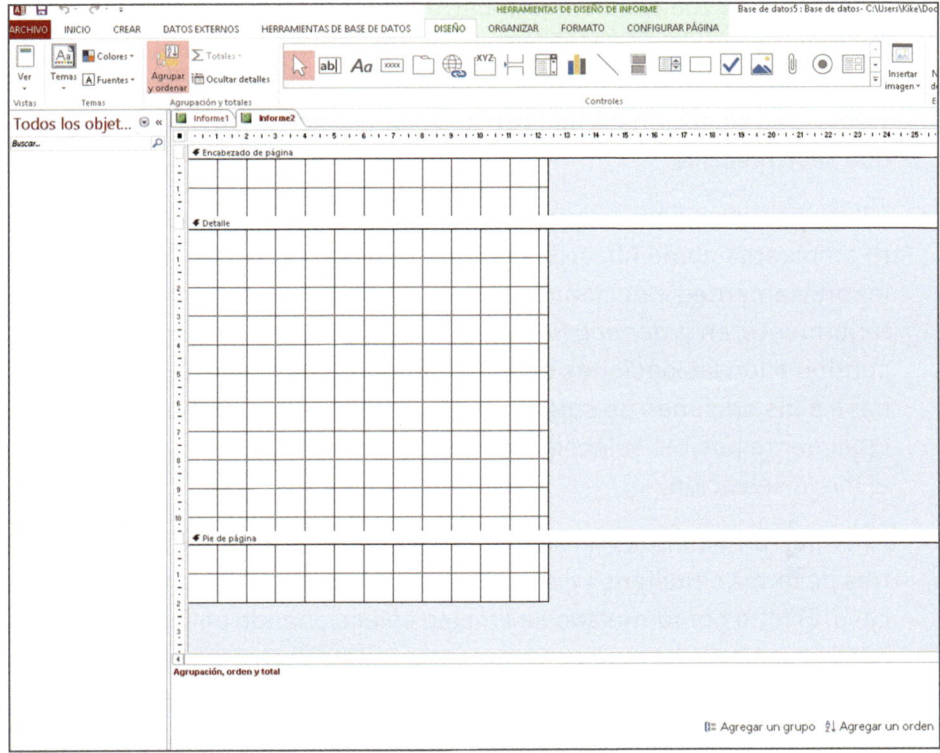

Figura 4.15. Opción agrupar y ordenar.

4.3.5. Filtrado

El filtrado permite que solo aparezcan registros específicos en un informe, hoja de datos, consulta o formulario. Igualmente permite que se impriman solo determinados registros de un informe, consulta o tabla. A través del empleo de un filtro es posible limitar los datos que aparecen en una vista sin que sea preciso modificar el diseño del objeto subyacente.

Existen diversos tipos de filtros, algunos son de aplicación exclusiva a una clase de datos y otros que se aplican a varias clases de datos. En función del tipo y de los valores del campo que se quieran filtrar se empleará uno u otro filtro.

Existen tres modos fundamentales de filtrado:

- Filtros comunes: facilitan la selección y elección de los valores deseados entre los datos que se quiere filtrar, así como proporcionar una serie de filtros de comparación que se encuentran incorporados.

  Se selecciona el encabezado que se quiere filtrar. Este modo de filtro se mostrará en la zona inferior del menú que aparece. La lista de casillas, que incorpora la totalidad de los valores que se almacenan en el campo, permite realizar filtros por valores específicos. Si se desea filtrar por diversos valores, se seleccionará un filtro de comparación, indicando los valores que sean precisos.

- Filtros por selección: es muy adecuado si se observa un valor que quiere emplearse como filtro. Si se desea aplicar un filtro en base a un valor previamente seleccionado, en *opciones* se selecciona *inicio* y, posteriormente, en *ordenar y filtrar*, se hace clic en *selección*. Aparecerán a continuación las opciones de filtro con las que se cuenta. Se filtrará en base a las opciones de selección de acuerdo con cada tipo de dato. Es igualmente posible seleccionar en un valor seleccionado para filtrar en el modo selección.

- Filtro por formulario: es un sistema adecuado para aplicar una serie de filtros de forma simultánea y mantener un mayor nivel de control en el proceso. El filtro por formulario se emplea seleccionando en *inicio*, la opción *ordenar y filtrar*, después en *avanzadas* y finalmente *filtro por formulario*. En el momento en que se emplea el filtro por formulario, el programa genera un formulario en blanco en el que es posible completar todos los campos que se estimen oportunos. Tras ello, Access localiza los registros coincidentes. Es muy útil si se quiere filtrar empleando valores para diversos campos.

4.3.6. Validaciones

Las normas de validación limitan lo que los usuarios pueden escribir en un determinado campo además de garantizar que los usuarios de una base de datos especifiquen la cantidad o el tipo de datos correctos.

- Tamaño: en los campos de la base de datos pueden establecerse un límite de caracteres para evitar que el usuario introduzca más caracteres de los que racionalmente son correctos. Por ejemplo, en el campo *código postal* puede limitarse a 5 caracteres el máximo de números que escribir.

- Datos: cuando una base de datos es diseñada se determina el tipo de datos que se va a emplear en un control o un campo de tabla de un formulario, restringiendo la capacidad de introducción de datos por parte del usuario. Por ejemplo, en un campo que indique números de teléfono solo podrán escribirse cifras numéricas.

- Máscaras de entrada: es posible obligar a los usuarios a que introduzca los datos empleando un determinado formato, por ejemplo, introduciendo dos decimales en las cantidades monetarias.

- Propiedades: existen diversas alternativas, como son las de escribir un valor que se halle en un determinado rango (por ejemplo, introducir un nivel de ingresos situado entre dos valores indicados previamente) o puede exigir la escritura de un valor en un campo, impidiendo que el mismo quede en blanco (por ejemplo, debiendo indicar necesariamente *sí* o *no*).

En otro sentido, pueden describirse dos tipos diferentes de reglas de validación:

- Reglas de validación de registros o tablas: se emplean las reglas de validación de registros para controlar cuando puede ser guardado un registro concreto. Permiten verificar los valores de un campo en relación con los de otro campo. Por contraste con las reglas de validación de campo, estas se refieren a diferentes campos de la misma tabla. Por ejemplo, si se establece que el precio de venta no puede ser inferior al de compra ni superior en un 50 % al precio de compra de un producto, en el campo *precio de venta* no podrá indicarse un valor que se encuentre fuera de dicho nivel de precios.

- Reglas de validación de campo: se utilizan para verificar el valor especificado en un campo al salir de dicho campo. Por ejemplo, si en el apartado se debe indicar una cantidad comprendida entre 18 y 65, se impide que el usuario salga de este campo hasta que incluya una cifra que se halle en dicho rango de valores.

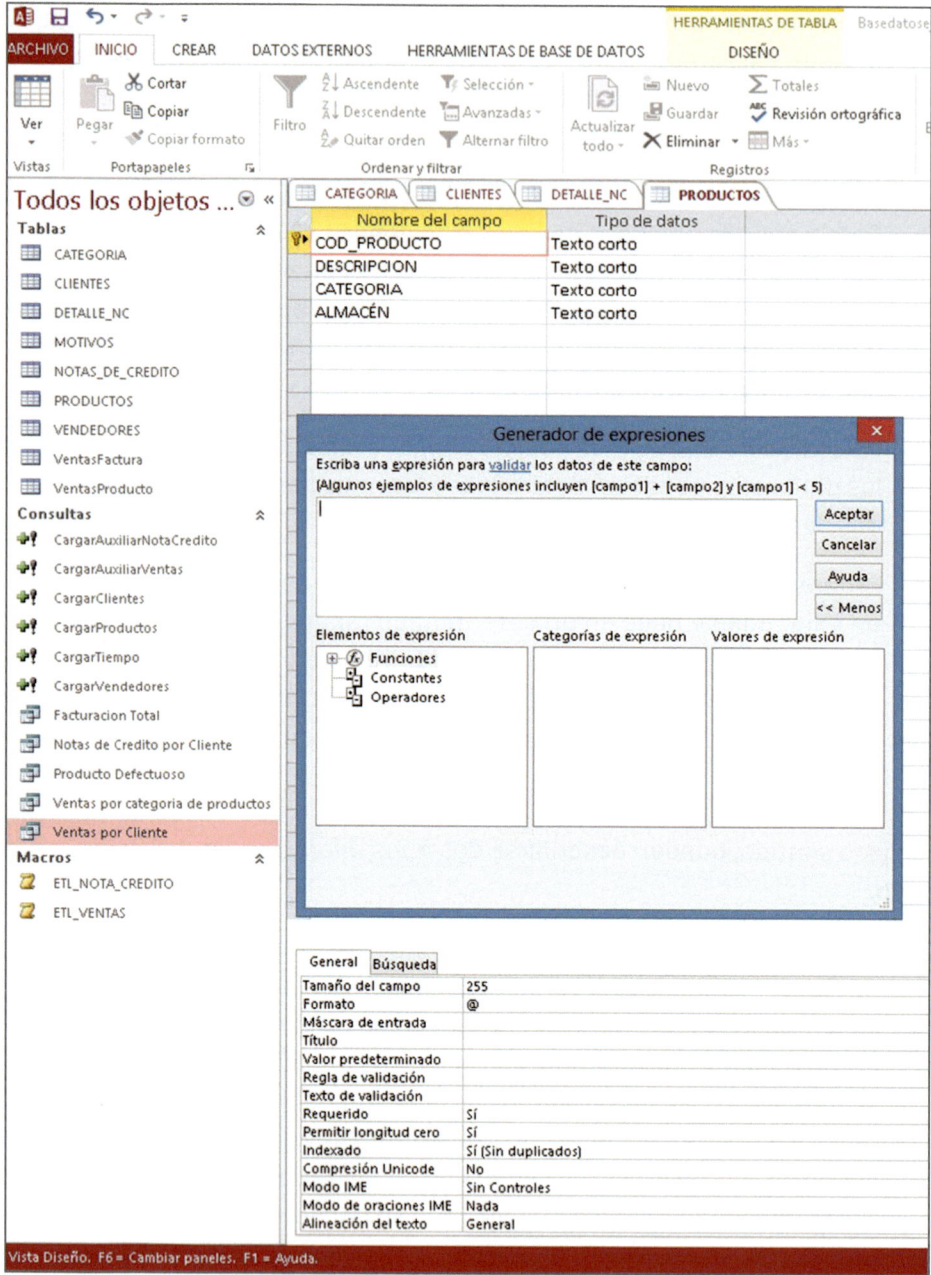

Figura 4.16. Reglas de validación en Access.

4.3.7. Formularios

Los formularios han de ser diseñados cuidadosamente, toda vez que son los elementos empleados por los usuarios para agregar, visualizar o editar los datos que se encuentran almacenados en una base de datos Access. En el caso de que sean diversos usuarios los que vayan a utilizar la misma base de datos, es básico contar con formularios correctamente diseñados para evitar dificultades de interpretación entre los distintos usuarios.

Existen diversas opciones para crear formularios en Access:

- Formulario partiendo de una tabla o consulta previamente existente, el mismo es abierto en la vista presentación, pudiéndose efectuar modificaciones relativas al diseño o tamaño de los cuadros de texto.

- Formulario de navegación, se trata de un tipo de formulario que integra un control de navegación. Es muy práctico si se desea llevar a cabo la publicación de una base de datos en la web, dado que en el explorador no aparece el panel de navegación de Access.

- Formulario que integre un subformulario, permite observar los datos existentes en diversas consultas o tablas en el mismo formulario.

- Formulario que muestre diversos registros, igualmente llamado formulario continuo, es práctico cuando se busca contar con un formulario que exponga diversos registros, pero que resulte más personalizable que una hoja de datos.

- Formulario en blanco, es el que carece de controles y de elementos con formato previo.

- Formulario dividido, permite dos vistas diferentes de los datos a la vez. De un lado, una vista hoja de datos y, de otro, una vista formulario. Ambas vistas se hallan vinculadas a idéntico origen de los datos y sincronizadas entre sí.

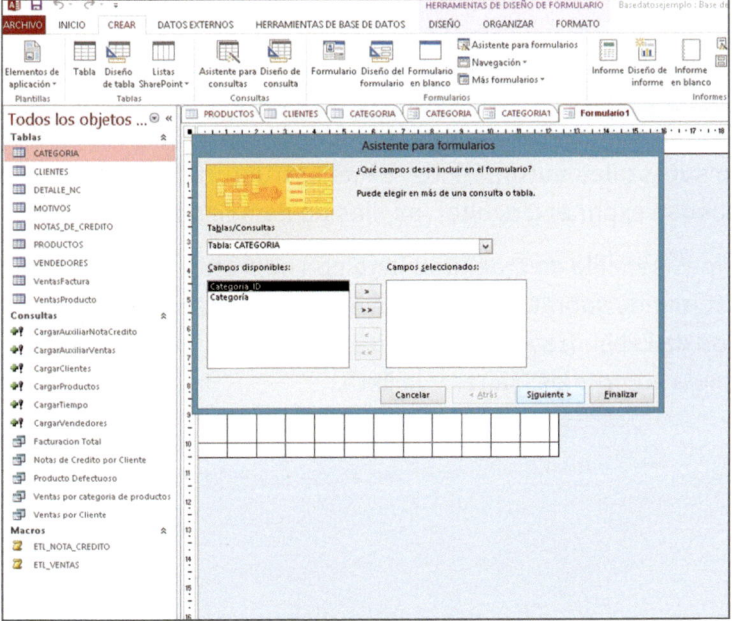

Figura 4.17. Asistente para creación de formularios en Access.

4.3.8. Informes

Los informes son una forma de observar, dar formato y resumir la información que se halla en una base de datos. Los informes pueden referirse a muy diversos aspectos tales como títulos de libros de una biblioteca o un informe acerca de los objetivos alcanzados por cada uno de los miembros de un equipo de vendedores. Los informes se hallan enlazados a una serie de datos que forman parte de una base de datos.

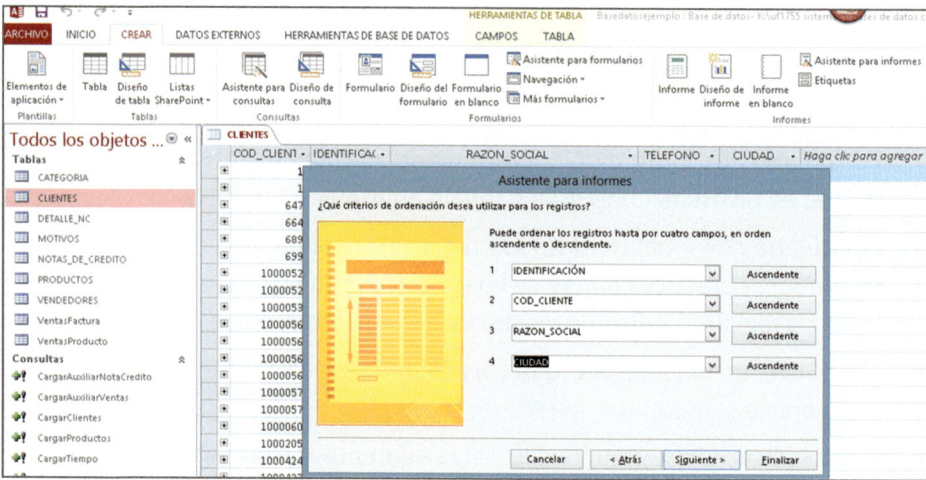

Figura 4.18. Asistente para la creación de informes en Access.

4.3.9. Subtotales

La función de subtotales en Excel permite lograr en modo automático un análisis de los datos que estén siendo estudiados. En el supuesto de que se incorporen subtotales automáticos, Excel estructura la lista con el objeto de que se puedan exponer u ocultar las filas de detalle de cada subtotal.

El modo más sencillo de crear una lista con subtotales consiste en la utilización del comando *subtotales*, incluida en el grupo *esquema*, dentro de la pestaña *datos* de Excel. Tras la creación de la lista de subtotales, puede cambiarse la fórmula *subtotales* y alterar la lista.

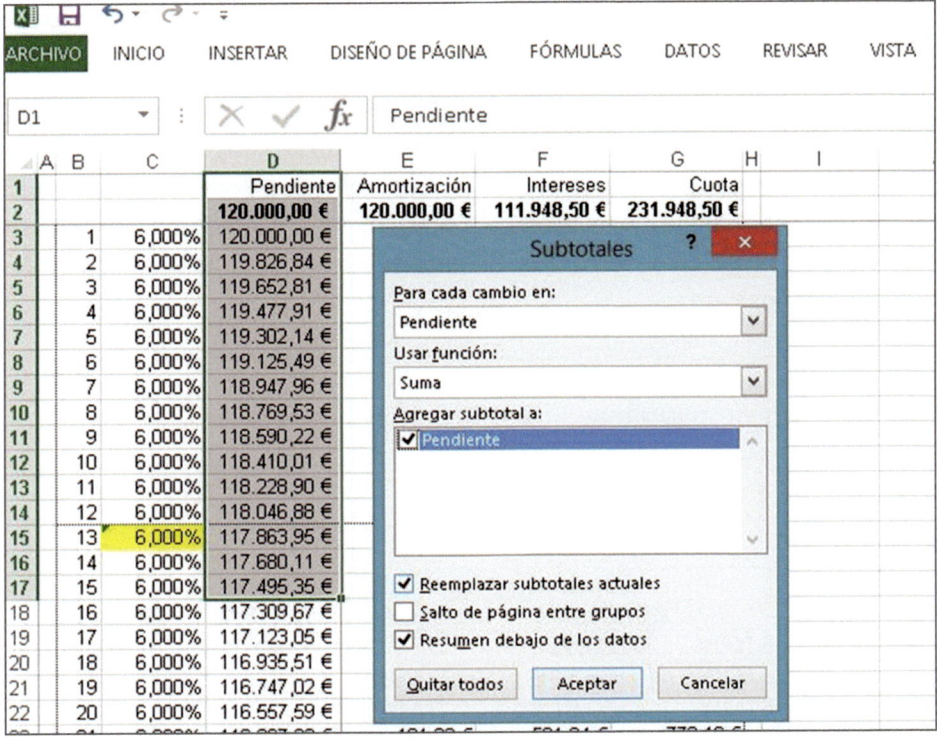

Figura 4.19. Cálculo de subtotales en Excel.

4.3.10. Consolidaciones e informes de tablas y gráficos dinámicos

En Excel, la consolidación de datos facilita la realización de resúmenes procedentes de diversas hojas de idéntico libro o de libros diferentes en una única hoja de cálculo que muestra diversas operaciones matemáticas tales como la suma, la media, la desviación típica, referida a rangos de celdas iguales en dimensión generalmente ubicados en distintas hojas del mismo libro.

Los resultados que se derivan de una consolidación de datos pueden vincularse a los datos originales, también denominados datos fuente, de forma que en el caso de que los datos que existen en las hojas que se van a consolidar se ven modificados, el resultado de la consolidación igualmente se modificará.

Puede seleccionarse una única celda o, en otro caso, un rango de celdas de cada una de las hojas que se emplean en el proceso de consolidación. La presentación de los datos puede mostrarse en forma de volumen total, de niveles medios o de porcentajes de incrementos, entre otras muchas más opciones.

También es posible optar por mostrar los datos en forma de gráficos, de modo que sea más sencilla su comprensión y más atractiva su presentación.

Pueden consolidarse hojas de diversos libros, que deberán estar abiertos en el momento de llevar a cabo la consolidación. El tipo de consolidación más habitual es la que se lleva a cabo en relación con rangos de datos que se sitúan en las idénticas celdas de las diversas hojas, lo que requerirá una homogeneidad en la distribución de los datos. En este supuesto, la consolidación se denomina *por posición*.

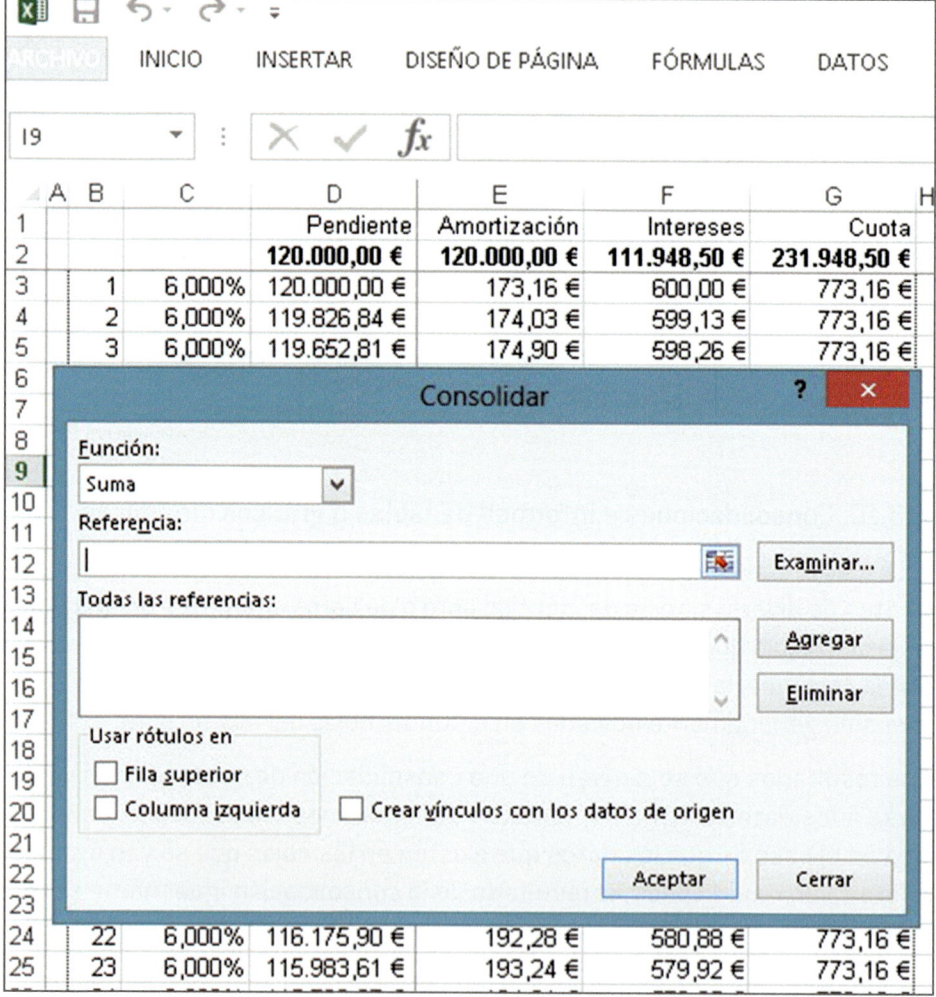

Figura 4.20. Consolidación de datos en Excel.

4.3.11. Vinculación de hojas de cálculo u otro tipo de tablas con bases de datos

Frecuentemente, los datos que deben emplearse para la redacción de documentos en materia de consumo se encuentran en diversos formatos, bien sean documentos de texto, bases de datos u hojas de cálculo. Utilizar los mismos de forma independiente mediante diferentes aplicaciones implica grandes dificultades para las personas que deban realizar dicha tarea.

Debe diferenciarse entre vincular datos e importar los mismos. Para integrar información a una base de datos de Access de forma que la misma pueda ser modificada o lograr que forme parte de otro archivo, se optará por la importación de datos. Sin embargo, cuando se pretende emplear la información exclusivamente en modo de consulta sin efectuar alteraciones de la misma, la función adecuada es la de vincular los datos para obtener la información de relevancia sin ser modificada.

La importación de datos resulta muy práctica cuando se trabaja con datos que son facilitados a la empresa por parte de terceras personas (otras empresas, clientes, organismos públicos) y que se prefiere que sean manejados en su integridad dentro de una única base de datos.

Las utilidades más relevantes de esta opción de Office son las siguientes:

- Vincular o importar datos desde otra base de datos a Access:

    - Combinar dos bases de datos. Importando, se pueden copiar a otra base de datos las consultas, formularios, macros, informes y tablas existentes en la base importada.

    - Copiar una serie de objetos que se hallan relacionado entre ellos de una base diferente.

    - Copiar una tabla en concreto o su formato, copiando los campos y sus propiedades, pero no los datos.

- Vincular o importar los datos de un archivo de texto a una base de datos:

    - El archivo original se halla en formato texto, de modo que pueda ser ingresado en una tabla y sea más sencilla la lectura de la información.

- Vincular o importar los datos de una hoja de cálculo a Access:

    - Los datos que se hallan en un archivo de Excel y se opta por emplearlos para efectuar consultas o anexarlos a datos existentes en una base de datos de forma ágil.

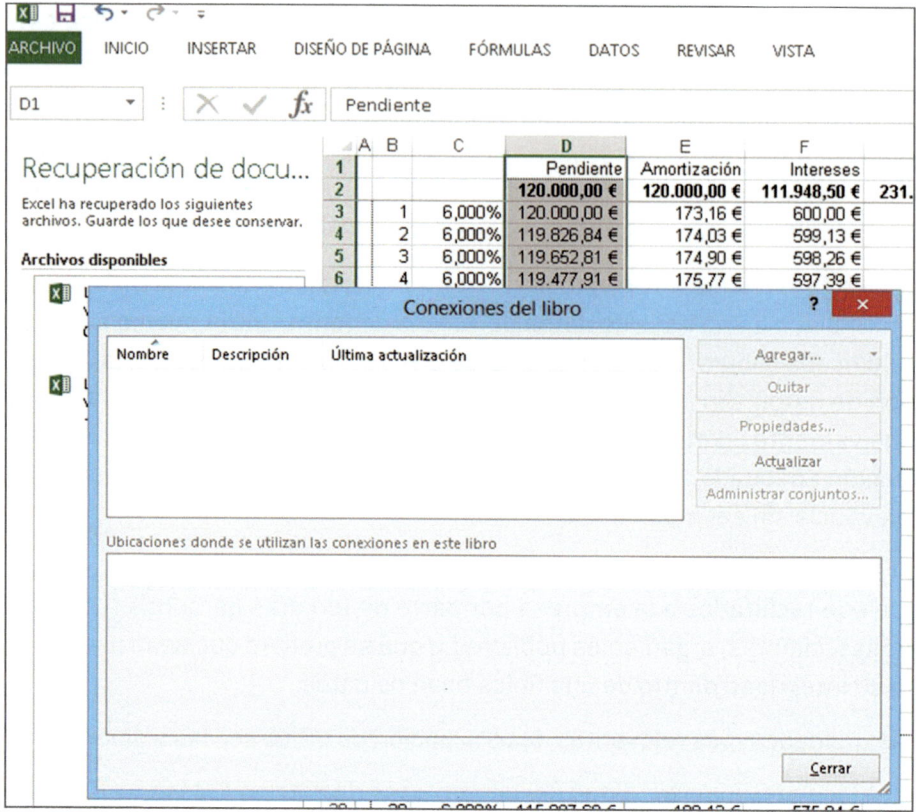

Figura 4.21. Vinculando datos en Excel.

4.4. Comandos de las bases de datos

Los comandos que se encuentran en las diversas aplicaciones informáticas que permiten la gestión de bases de datos facilitan en gran medida el empleo de las distintas funciones que las mismas integran. El conocimiento de los mismos colabora en gran medida a que los usuarios de las bases de datos. Cada una de las versiones de las aplicaciones de bases de datos incorpora nuevos comandos que automatizan funciones que previamente requerían una atención personal por parte del usuario o, en otros casos, añaden funciones previamente no existentes.

4.4.1. Conceptos generales

Cuando se inicia la aplicación Access realizando un clic en el icono de dicho programa, que se halla situado en el menú *Inicio*, se lleva a cabo la ejecución del comando Msaccess.exe. No obstante, en la mayor parte de las ocasiones, no se observa dicho comando ni es tecleado por el usuario.

Es posible que se modifiquen determinados aspectos del modo en que se inicia la aplicación mediante la inclusión de subcomandos, también llamados modificadores.

Mediante la funcionalidad de Access de asistente para botones de comando.

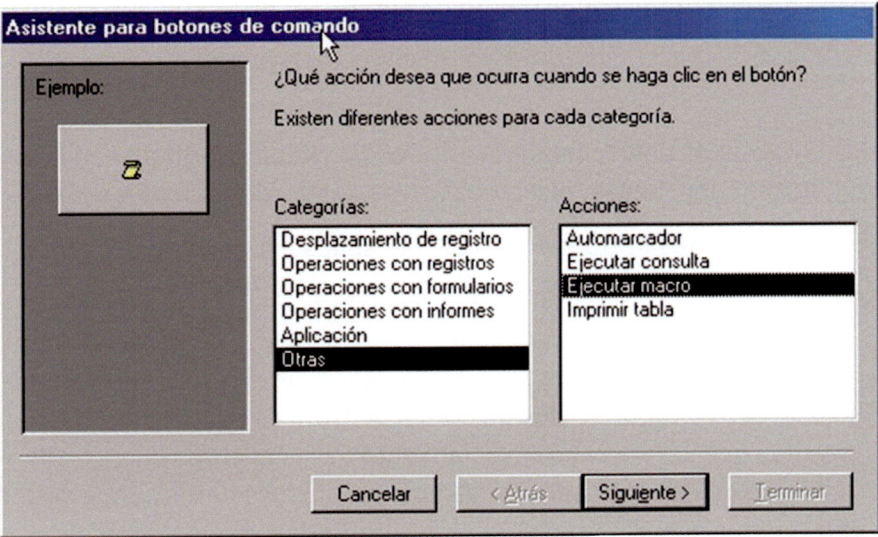

Figura 4.22. Asistente para botones de comando en Access.

4.4.2. Comandos de manipulación y formato

Se denomina lenguaje de manipulación de datos o DML al vocabulario proporcionado por el sistema de gestión de bases de datos y que es empleado por el usuario para trabajar y recuperar datos.

Las operaciones más relevantes de manipulación de datos son las siguientes:

- SELECT: se emplea para realizar consultas de recuperación de datos.

- INSERT: su finalidad es insertar nuevas filas en una tabla.

- UPDATE: se puede modificar la información que se halla alojada en una o varias filas.

- DELETE: permite la eliminación de una o más filas.

Los comandos de formato devuelven un tipo de dato *variant* (*string*) que integra una expresión con formato de acuerdo a las indicaciones que se hallan incluidas en una expresión de formato.

En el caso de que se intentase dar formato a un número sin llegar a especificar el argumento formato, Formato presenta una funcionalidad muy parecida a la de la función Cad (Str). Para dar formato a una cadena numérica que no se halle localizada, habrá de emplearse un formato numérico determinado por el usuario con el objeto de garantizar que consigue el aspecto deseado.

4.4.3. Análisis de datos: auditoría, referencia circular, formato condicional, escenarios, tablas, buscar objetivos, tablas dinámicas u otros

Entre las diferentes herramientas que las aplicaciones ofimáticas integran para realizar el análisis de datos se hallan las siguientes:

- Auditoría: es el proceso cuya finalidad es recoger y evaluar los datos objetivos que sean precisos para establecer si un sistema de información conserva la integridad de sus datos. Se trata de un conjunto de herramientas que lleva a cabo el seguimiento de los eventos que suceden en una base de datos. El administrador de la base de datos puede determinar la forma en que la auditoría se desarrolla de forma automática.

- Referencia circular: en el caso en que una fórmula se refiere a su propia celda, de una forma directa o indirecta, recibe el nombre de referencia circular. Excel no tiene la capacidad de calcular de manera automática la totalidad de los libros que se hallan abiertos en el caso de que uno de ellos integre una referencia circular.

- Formato condicional: el formato condicional permite destacar de forma sencilla información relevante en una hoja de cálculo. No obstante, en ocasiones, las reglas de formato que se encuentran integradas no son suficientemente precisas para lograr el objetivo propuesto, por lo que pueden añadirse fórmulas de creación propia a una regla de formato condicional para complementar las reglas integradas.

- Escenario: se denomina escenario a la serie de valores que Excel conserva y puede sustituir de una forma automática en la hoja de cálculo. Es posible crear y almacenar distintos grupos de valores como escenarios en una hoja de cálculo y posteriormente alternar entre diversos escenarios para observar los diferentes resultados. En el caso de que diferentes usuarios cuenten con información específica que desee que sean empleadas en escenarios, puede agruparse la información en distintos libros y, con posterioridad, combinar los escenarios de los diferentes libros en uno solo. Tras crear todos los escenarios que sean precisos, es posible generar un informe resumen de escenario con información de la totalidad de los escenarios.

- Buscar objetivos: es la herramienta que facilita al usuario los factores subyacentes que han de ser modificados para alcanzar el objetivo que se pretende alcanzar. En el momento que esta herramienta efectúa el análisis, se generan dos columnas nuevas en la tabla de datos origen que exponen la posibilidad de alcanzar un objetivo y, en su caso, el cambio que se aconseja realizar. Puede analizarse el conjunto de datos y realizar predicciones para el mismo en su integridad o bien, tras diseñar el análisis, probar los escenarios de manera sucesiva.

- Tabla: una tabla en Excel se define como el conjunto de datos que se hallan organizados en filas o en registros. La primera fila incluye las cabeceras de las columnas con los nombres de los campos y el resto de las filas integran los datos que se hallan almacenados. Las tablas pueden integrar operaciones para realizar análisis y administración de los datos mediante operaciones como la ordenación de los registros, la aplicación de formatos, la creación de resúmenes o el filtro de los datos.

- Tabla dinámica: en muchas ocasiones, las listas incluyen numerosas filas que han de ser resumidas y analizadas con el objetivo de obtener información relevante para el usuario. La herramienta para obtener este objetivo es la tabla dinámica.

4.4.4. Comandos de utilidad: buscar, reemplazar, proteger, hipervínculo, validación u otro

Entre los comandos de utilidad que existen para gestionar adecuadamente los datos introducidos en una aplicación ofimática cabe destacar los siguientes:

- Buscar: permite encontrar los datos que se especifican en el mismo.

- Reemplazar: permite sustituir el valor que se halla en el mismo por el que se haya establecido.

Si se precisa un superior nivel de control sobre los datos que se buscan o reemplazan, como sería el caso de que se desase hallar celdas en las que el valor entero de la celda sea idéntico al valor que se busca, puede realizarse un clic en opciones para abrir el cuadro *buscar y reemplazar:*

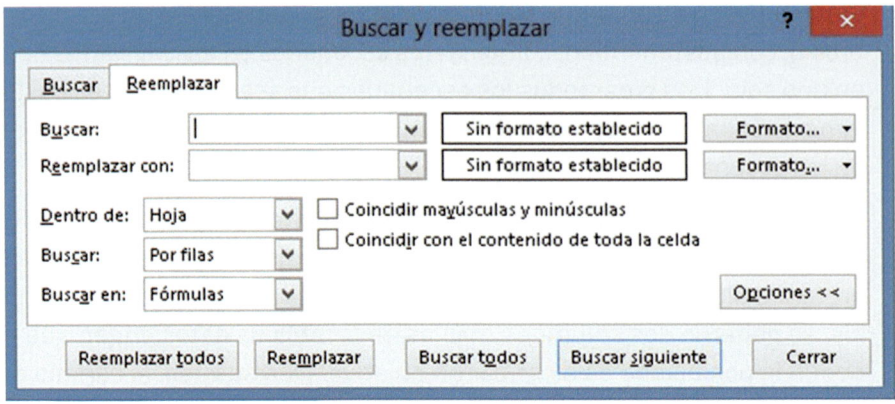

Figura 4.23. Cuadro de diálogo buscar y reemplazar en Excel.

- Proteger: su utilidad es limitar el acceso a los datos mediante el establecimiento de contraseñas, de forma que cualquier usuario que desee acceder a un documento protegido habrá de introducir la contraseña en el cuadro de diálogo que aparecerá en el mismo.

- Hipervínculo: son elementos que vinculan una página web con otra. En el momento que se efectúa un clic en el mismo, la página de destino aparece en un explorador web. Igualmente vinculan archivos multimedia, programas, direcciones de correo electrónico o imágenes, entre otros elementos. El destino de un hipervínculo es codificado en forma de URL o localizador uniforme de recursos. Una dirección URL consiste en una dirección que indica un protocolo, una ruta de acceso a un archivo y un servidor web.

4.5. Métodos de acceso, protección y control de la información por el usuario a través de las bases de datos

Tal como se expone en diversos epígrafes del presente manual, es necesario dotar a las bases de datos de medidas de seguridad variables en función de la confidencialidad de la que se pretenda dotar a las mismas.

La instalación de medidas de seguridad facilitará la adecuada gestión de las bases de datos, de forma que personas no autorizadas accedan a la misma y alteren los datos que contiene, borrarlos o consultarlos de forma no permitida.

Una de las medidas empleadas, además de las medidas a las que ya se ha hecho mención, es la instalación de aplicaciones antivirus. Las principales funciones de un antivirus son las siguientes:

- Protección ante virus: bloquear, detener y eliminar tanto virus como otros elementos maliciosos tales como troyanos, *spyware*, *adware*, *cookies* de rastreo o *bots*.

- Cortafuego: actúa como barrera entre el dispositivo y la red de internet. Permite controlar las personas que pueden acceder a la información que se contiene en el dispositivo y qué información es enviado desde el mismo hacia internet.

- Realización de copias de seguridad de una parte o todos los documentos que se hallan almacenados en el ordenador en función de la configuración que se hubiese empleado.

- Protección del correo electrónico: analiza los correos que entran y salen del dispositivo, buscando evitar que contengan material malicioso. Entre las funciones que integran son filtros *antiphising*, para no sufrir daños o perjuicios como consecuencia de la suplantación de páginas que aparentan ser de confianza, como el caso de entidades financieras, centros comerciales o Administraciones públicas.

- Análisis de las direcciones web para determinar si una dirección web, una URL, envía a una página que contiene material peligroso para el usuario tal como un virus.

4.6. Aplicación de distintos comandos de las bases de datos

Los comandos de búsqueda anteriormente desarrollados permiten a las personas interesadas en realizar consultas y análisis en materia de consumo. Una vez que las bases de datos han sido creadas, quienes desean conocer datos concretos sobre cualquiera de los intervinientes en materia de consumo (por ejemplo: empresas, organismos públicos o personas que han presentado reclamaciones) o consultar estadísticas sobre la materia, podrá realizar dichas consultas a la base de datos empleando alguna de las herramientas informáticas de que la aplicación esté dotada.

4.6.1. Búsquedas y consultas de información en materia de consumo

Las herramientas de búsqueda que se expusieron previamente en este manual son aplicables a la materia de consumo. Es fundamental la adecuada cumplimentación de todos los campos de la base de datos para que, como consecuencia de lo mismo, los resultados que se obtengan sean coherentes con la realidad que se pretende reflejar mediante las estadísticas e informaciones que le sean consultadas.

4.6.2. Análisis de los resultados de las consultas a bases de datos

El análisis de los resultados de las consultas efectuados a las bases de datos en materia de consumo permite a las personas interesadas llegar a conclusiones que sirvan para adoptar decisiones prácticas sobre la materia (por ejemplo, medidas relativas al impulso de la producción de determinados bienes o de fomento del consumo de otros productos, como el caso del fomento del consumo de alimentos que se consuman menos de lo adecuado en una dieta saludable). Del mismo modo permite realizar estudios teóricos sobre el campo del consumo que puedan servir de base para el mejor conocimiento del sector y, secundariamente, la adopción de medidas que afecten a los consumidores en sentido general o a los de un único sector en particular.

4.6.3. Elaboración de informes de la base de datos en consumo

La mera elaboración de bases de datos en materia de consumo no implica que se adopten conclusiones sobre las mismas, toda vez que no deja de ser una recopilación de datos que, por precisa que la misma sea, no muestra de forma clara conclusiones al alcance de una generalidad de personas hasta que dichos datos son transformados en informes estructurados que muestren en un modo claro e inequívoco las conclusiones a las que se desea llegar.

En este sentido, el autor de los informes deberá acompañar los datos numéricos en sentido estricto de las conclusiones que de los mismos se deriven o las propuestas de actuación que el mismo desee proponer a las personas o entidades con competencias en la materia.

4.7. Análisis de información y reclamaciones por sectores específicos

Las empresas e instituciones deben mantener una estadística de las reclamaciones o quejas presentadas por los consumidores y usuarios. El análisis de los mismos otorgará información muy valiosa para determinar las causas de los mismos y, en consecuencia, adoptar las decisiones precisas en orden a disminuir estas mediante la eliminación de los factores generadores de insatisfacción en los clientes.

En la Norma 9001 se afirma que «la organización debe realizar el seguimiento de la información relativa a la percepción del cliente con respecto al cumplimiento de sus requisitos por parte de la organización». No obstante, no es sencillo para el empresario medir la citada satisfacción de terceras personas, ajenas a la organización, tales como son los clientes. En la realidad, el cliente medio se encuentra mucho más propenso a comunicar a la empresa las quejas que tenga sobre la prestación del servicio, mucho más que en los casos en que ha quedado satisfecho con el mismo.

Pero, pese a ello, el titular de la empresa ha de buscar los métodos más eficaces para saber la impresión que los clientes tienen en relación con los bienes y servicios que la empresa ofrece al mercado. Las encuestas que se realicen han de tomar la forma adecuada para que al cliente le resulte sencillo realizarlas, dado que, aunque el servicio haya sido de su completa satisfacción, es muy poco probable que esté dispuesto a realizar una encuesta de gran duración para expresar su opinión sobre la empresa.

En la encuesta pueden incluirse tanto preguntas cerradas como abiertas, las cerradas permiten una tabulación rápida de las respuestas y un análisis casi inmediato de los resultados, sin embargo, las abiertas, si bien aportan un mayor volumen de información, requieren un trabajo adicional a la hora de convertirla en datos en un informe.

Un error muy generalizado en las empresas es el de considerar que recibir un bajo nivel de quejas es sinónimo de satisfacción por parte de los clientes. El mecanismo es mucho menos automático que eso, toda vez que si una empresa pone dificultades a la hora de presentar las quejas por parte de los clientes, ello implicará que se reduzcan las reclamaciones con lo que las estadísticas se habrán visto alteradas sin que la calidad del servicio haya mejorado.

Una reclamación constructiva es una fuente de información muy importante para el empresario, dado que le informará de las áreas que han de ser mejoradas. En otro sentido, las normas relativas a sistemas de gestión, al estandarizar la forma en que se desarrolla el proceso productivo, tiende a la reducción de las reclamaciones, toda vez que se reducen las desviaciones respecto al procedimiento correcto de realizar las diversas actividades que la empresa lleva a cabo.

Otro de los beneficios de implantar las normas de gestión de la calidad es el aumento de la cuota de mercado de las empresas que lo llevan a cabo. En muchos casos, es frecuente que a las pequeñas y medianas empresas se ven obligadas a adoptar estas normas para así poder mantener su posición de proveedores de bienes o servicios de empresas de mayor volumen que están certificadas en las normas de gestión de empresas.

Un número significativo de grandes empresas entienden las Normas ISO como un medio para garantizarse un determinado nivel de calidad en los bienes y servicios que provienen de sus proveedores, teniendo en cuenta que el coste de la certificación corresponde al proveedor y no a la gran empresa contratante de los bienes o servicios correspondientes.

Ello le supone un elemento para incrementar la cuota de mercado que la empresa tenga respecto de la que tuviese antes de obtener la certificación, toda vez que las certificaciones actuarán como elementos de diferenciación respecto de muchas otras empresas de su sector, que, al no estar certificadas, verán reducido el catálogo de empresas e instituciones a los que pueden acceder para comercializarles sus bienes y servicios.

Respecto a las Administraciones públicas, en las cláusulas de numerosos contratos públicos se valora con una determinada puntuación la posesión por parte de la empresa que aspira a ser adjudicataria de los mismos de este tipo de certificaciones, lo que incrementa la posibilidad de conseguir contratos públicos.

Si bien se emplea en ocasiones como argumento comercial dirigido al público en general, lo cierto es que la influencia de haber obtenido este tipo de certificaciones es mucho más significativo entre el público profesional, que conoce lo que implica haber obtenido este tipo de certificaciones.

Desarrollar un producto o servicio de acuerdo con las especificaciones establecidas y la correspondiente disminución tanto de errores como de devoluciones del cliente por la falta de conformidad con los productos y servicios suministrados va a reducir los costes de producción, así como los derivados de las devoluciones y reclamaciones de estos clientes insatisfechos. Al mejorar las características de los bienes, tendrán una vida útil superior y por ello resultarán más rentables para la empresa.

Tradicionalmente se ha entendido que la mejora de la calidad mejora la rentabilidad de la empresa fundamentalmente en base a la disminución de errores y pérdidas de tiempo, sin embargo, en la actualidad se considera que la satisfacción del cliente que deriva de una actividad realizada en base a criterios de calidad es un factor más importante en la rentabilidad que el anterior.

En la realidad práctica de una empresa, no es sencillo determinar el ahorro que para esta supone la implantación de un sistema de gestión de la calidad, toda vez que entre calidad y rentabilidad no puede afirmarse que exista una relación directa. El sistema de gestión de la calidad influye en una serie de factores tales como la satisfacción del cliente, el aumento de la productividad, un mejor aprovechamiento del tiempo o una mejor imagen de la empresa, pero, simultáneamente, hay otros elementos que influyen sobre los mismos factores, por lo que es muy difícil determinar la influencia concreta de la implantación del sistema de gestión de la calidad. Por ejemplo, una mejora de la imagen pública de la empresa puede deberse al hecho de contar con un sistema de gestión de la calidad o también por la influencia de una campaña de publicidad efectiva, entre otros motivos.

Muchos autores señalan que para que la calidad suponga una reducción real de los costes, la empresa tendrá que mantener un compromiso con la calidad que perdure una serie de años, con la finalidad de que los cambios que se produzcan se mantengan y supongan un cambio efectivo que pueda representar un cambio real en la estructura de costes de la empresa.

Sin embargo, también debe considerarse el coste que supone la implementación de un sistema de gestión de la calidad, coste que se divide en dos aspectos, de un lado, el coste directo que es el precio que perciba la entidad consultora y la certificadora que se vean implicadas y, por otra parte, el coste en función del tiempo que supone gestionar la documentación que implica un sistema de gestión.

4.7.1. Información estadística por tipo de sector y motivo de la reclamación

La normativa general sobre defensa de los derechos de los consumidores y usuarios se extiende a todos los sectores de la actividad productiva. Sin embargo, existen algunos sectores que cuentan con una normativa específica ajustada a la realidad de dichos sectores. La importancia de realizar este tipo de estadísticas radica en que resulta fundamental conocer los sectores en los que se concentra un mayor tipo de reclamaciones y la causa de las mismas con el objeto de determinar la necesidad de adoptar medidas de control específicas o, en su caso, de promulgar normativa de protección a los consumidores y usuarios centrada en dicho sector económico.

El listado de actividades económicas aparece regulado en la CNAE.

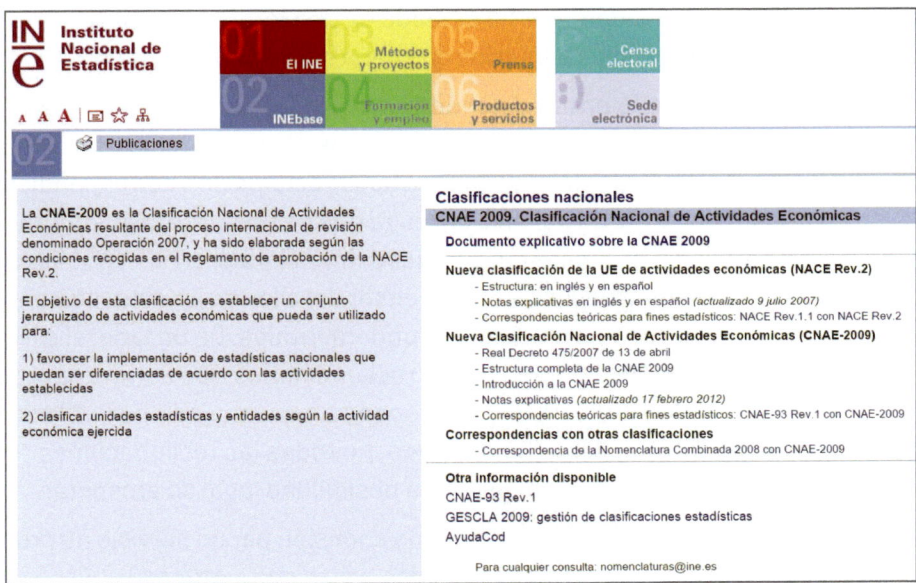

Figura 4.24. Clasificación Nacional de Actividades Económicas. Fuente: www.ine.es.

Las principales organizaciones de consumidores y usuarios envían estadísticas sobre la labor de asesoramiento y gestión de reclamaciones al Consejo de Consumidores y Usuarios en el marco de las funciones de información, representación, ayuda y asesoramiento a los consumidores que se regulan en la legislación aplicable en materia de consumo.

A modo de ejemplo, se hace referencia al sector financiero, uno de los ámbitos de la actividad económica que concentra un mayor número de reclamaciones.

PROCEDIMIENTO PARA LA PRESENTACIÓN DE RECLAMACIONES EN EL SECTOR FINANCIERO

Las reclamaciones en relación con la actividad de las entidades financieras deben seguir unos cauces formales para su tramitación. Como posteriormente se detallará, es requisito previo a la presentación de la correspondiente reclamación ante los organismos públicos antes mencionados (Banco de España, CNMV y Dirección General de Seguros y Fondos de Pensiones) haber presentado anteriormente las mismas ante los servicios de atención al cliente (de existencia obligatoria en toda entidad financiera) o, en su caso, defensor del cliente de la correspondiente entidad (se trata de un órgano de existencia voluntaria para las entidades financieras).

Es evidente que en el transcurso de las relaciones comerciales que vinculan a clientes con las entidades financieras, es muy frecuente que surjan situaciones de desencuentro. En primera instancia, el interesado debe dirigirse a la propia entidad que le ha prestado el servicio para aclarar los hechos con los cuales no se encuentra de acuerdo. La entidad correspondiente deberá rectificar lo hecho en caso de que considere que ha actuado de una forma incorrecta y, en su caso, compensar los posibles perjuicios que haya sufrido el interesado.

En el supuesto de que la entidad no modifique su forma de actuar o, en su caso, que no satisfaga los daños y perjuicios que el cliente haya podido sufrir, el cliente está en su derecho de presentar la reclamación correspondiente. En un primer momento, la legislación exige que se presente la misma ante el servicio de atención al cliente de la entidad financiera o, en el supuesto de que existiese, ante el correspondiente defensor del cliente. En este momento debe diferenciarse entre dos cuestiones fundamentales. De un lado, el cliente siempre tiene derecho a presentar las reclamaciones que estime oportunas en relación con los problemas o discrepancias que surjan en su relación con la entidad financiera, pero, por otro lado, no todas las reclamaciones tienen justificación y no cuentan con ninguna posibilidad legal de prosperar.

Así, por ejemplo, cuando un cliente paga una comisión por un servicio no prestado de forma efectiva por la entidad y la misma se niega a retroceder dicha comisión, el cliente podrá presentar una reclamación justificada. Por el contrario, cuando un cliente, buen conocedor del sistema financiero y del funcionamiento de los mercados de valores, adquiere unas acciones de una determinada empresa y las citadas acciones sufren una depreciación de su valor, el cliente podrá presentar una reclamación por la pérdida patrimonial sufrida, pero ello no implicará ninguna posibilidad en dicha instancia de satisfacer sus peticiones.

Con carácter general, hay que señalar que los tres organismos públicos ante los que se pueden presentar reclamaciones en materia financiera (de Banco de España, CNMV y Dirección General de Seguros y Fondos de Pensiones) cuentan, dentro de su carta de servicios al público, con la posibilidad de resolver las consultas que les sean planteadas por el público requiriendo información y asesoramiento en sus relaciones con las entidades financieras que sean de utilidad para la toma de decisiones sobre las operaciones financieras más habituales y en el ejercicio de los derechos en materia de transparencia y protección.

La presentación de las consultas podrá realizarse indistintamente ante cualquiera de los servicios de reclamaciones, independientemente de la materia sobre la que consista, del Banco de España, de la Comisión Nacional de Mercado de Valores o de la Dirección General de Seguros y Fondos de Pensiones, o en sus correspondientes delegaciones.

En estos casos, tras haber sido presentada, será remitida al servicio de reclamaciones competente para su tramitación.

La presentación de consultas en cualquiera de los lugares señalados anteriormente se podrá realizar por los siguientes medios:

a) En soporte papel.

b) Por medios electrónicos, a través de los registros electrónicos habilitados a tal efecto en el Banco de España, la Comisión Nacional del Mercado de Valores y en la Dirección General de Seguros y Fondos de Pensiones, con los requisitos legalmente establecidos.

En las consultas se hará constar:

a) Nombre y apellidos o razón social y número de identificación de la persona o entidad a que se refiera la cuestión planteada, así como el domicilio a efectos de notificaciones.

b) Los antecedentes y las circunstancias concurrentes.

c) Las dudas que le suscite la normativa aplicable.

d) Los demás datos y elementos que puedan contribuir a la formación de opinión por parte del servicio de reclamaciones competente.

e) El lugar, fecha y firma de las partes.

f) Si se presentan por medio de representante, deberá acreditarse la representación a través de cualquier medio jurídicamente admitido.

Si la solicitud no reúne los requisitos señalados en los apartados «a» a «f» se requerirá al interesado para que, en un plazo de diez días hábiles, subsane la falta o acompañe los datos, elementos y documentos necesarios, con la advertencia de que, si no lo realizase, su escrito será archivado sin más trámites. El servicio de reclamaciones competente archivará sin más el expediente, notificándoselo al interesado, de las consultas que no cumplan los requisitos establecidos en los apartados «a» a «f» y no sean subsanados previo requerimiento al efecto.

Es importante señalar que nunca las consultas pueden estar referidas a una operación financiera determinada para desarrollar con una concreta entidad financiera, con independencia de que, llegado el caso, esa operación pudiese dar lugar a la presentación de la correspondiente reclamación ante los organismos públicos competentes. Tampoco se podrán referir a las condiciones materiales de las operaciones siempre y cuando las mismas se ajusten a las normas de transparencia y protección de la clientela, ni a los contratos de seguro por grandes riesgos. En estos supuestos, se archivarán los expedientes previa notificación al interesado.

La presentación de una consulta no interrumpirá los plazos señalados en las normas aplicables para el ejercicio de los derechos ni suspenderá la tramitación de los procedimientos. Se informará de este hecho al interesado tras haber sido recibida la consulta por el servicio de reclamaciones.

CONTESTACIÓN DE LAS CONSULTAS

El servicio de reclamaciones competente dará respuesta a la cuestión planteada, detallando en sus conclusiones los derechos del solicitante en materia de transparencia y protección a la clientela, así como sobre las vías legales de las que se dispone para su ejercicio.

El plazo máximo para contestar a la consulta será de un mes desde la fecha de presentación de la consulta en el servicio de reclamaciones competente. La falta de contestación en dicho plazo no implica que se acepten los criterios expresados por los usuarios de servicios financieros en la consulta. La contestación a la consulta tendrá carácter informativo, y no tendrá efectos vinculantes en relación con las personas, actividades o supuestos contemplados en la consulta.

DOCUMENTOS NECESARIOS O PRUEBAS EN UNA QUEJA O RECLAMACIÓN

Junto a las reclamaciones o quejas deberá acompañarse cuanta documentación resulte imprescindible para resolver las cuestiones que hayan sido planteadas con motivo de la reclamación o queja presentada, sin perjuicio de que el servicio de reclamaciones solicite a la entidad reclamada la documentación que deba obrar en su poder relacionada con aquellas.

Debe recopilarse toda la documentación que sea necesaria para acreditar la pretensión que se desea obtener mediante la presentación de la queja o reclamación. Es preciso que, más allá de las afirmaciones que se realicen, se aporten los documentos que acrediten que se ha vulnerado lo que se ha firmado con anterioridad, la publicidad referida a las características del producto contratado, o los contratos que se han suscrito.

Dado que cada supuesto concreto requiere un conjunto de documentación diferente, solo cabe exponer un ejemplo. Así, para una reclamación relativa a la contratación por parte de clientes de entidades financieras de productos de inversión con un nivel de complejidad y de riesgo muy superior al de su perfil y trayectoria anterior, se recomienda adjuntar a la reclamación o queja los siguientes documentos:

- Fotocopia del DNI de todos los titulares y herederos.

- Fotocopia de las órdenes de compra de todos los productos que demandar (si no dispone de ella solicítela a su entidad).

- Fotocopia de los contratos marco o contratos de depósito y administración de valores que se hayan firmado con la entidad para realizar esta y otras inversiones.

- Fotocopia de cualquier documentación en la que la entidad nos haya dado información del producto: folletos, *emails*, textos escritos, etcétera.

- Fotocopia de la hoja de datos fiscales que proporcionan los bancos para hacer la declaración del IRPF del año en que se contrató el producto.

- Fotocopia del extracto facilitado por la entidad con las posiciones y productos contratados el año de compra del producto, el anterior y el posterior.

- Fotocopia del documento que acredite la rentabilidad (intereses) que se venía cobrando del producto y cuándo dejó de percibirse.

- Fotocopia de los cuestionarios relacionados con la MIFID (test de conveniencia o de idoneidad sobre el perfil del inversor) que se hayan podido rellenar.

- Fotocopia de la reclamación presentada ante la entidad y respuesta de los servicios de atención al cliente de las entidades e informes (si los hay) de Banco de España o Comisión Nacional del Mercado de Valores.

- Fotocopia del documento en el que se realizó el canje por otro producto, si es ese el caso.

- Fotocopia de las órdenes de venta del producto, si se realizaron.

- Fotocopia del escrito de no renuncia de acciones presentado al banco tras el canje o no.

- Fotocopia de cualquier documentación que pueda acreditar la existencia de un asesoramiento en materia de inversor por parte de la entidad, como pueden ser tarjetas de visita, correos postales o electrónicos donde consten expresiones como «gestor personal», «asesor», «banca privada» o similares.

- Documento original de comunicación de circunstancias personales en la que el afectado explique las circunstancias personales particulares (minusvalías, edad avanzada, ausencia de estudios, etc.), el origen del dinero (ahorros, indemnización por despido, accidente, depósito), el tipo de producto y entidad, así como quién y cómo le vendió el producto. Se podrá acompañar con documentación que acredite estos extremos.

CONFIGURACIÓN DOCUMENTAL DE LA QUEJA O RECLAMACIÓN

Los diversos organismos de protección del cliente de entidades financieras (Banco de España, la Comisión Nacional del Mercado de Valores y en la Dirección General de Seguros y Fondos de Pensiones) cuentan con formularios específicos para presentar ante los mismos las quejas y reclamaciones que se estimen oportunas.

PROCESO DE TRAMITACIÓN DE UNA RECLAMACIÓN

El procedimiento de presentación de reclamaciones ante los servicios de reclamaciones del Banco de España, la Comisión Nacional del Mercado de Valores y la Dirección General de Seguros y Fondos de Pensiones se encuentra regulado por una normativa específica que detalla el procedimiento de resolución de reclamaciones y quejas contra empresas que prestan servicios de inversión y de atención a consultas en el ámbito del mercado de valores.

Los aspectos más destacados del procedimiento son los siguientes:

Definiciones:

- Quejas: las presentadas por los usuarios de servicios financieros por las demoras, desatenciones o cualquier otro tipo de actuación deficiente que se observe en el funcionamiento de las entidades financieras contra las que se formula la queja.

- Reclamaciones: las presentadas por los usuarios de servicios financieros que pongan de manifiesto, con la pretensión de obtener la restitución de su interés o derecho, hechos concretos referidos a acciones u omisiones de las entidades financieras reclamadas que supongan para quien las formula un perjuicio para sus intereses o derechos y que deriven de presuntos incumplimientos por las entidades reclamadas, de la normativa de transparencia y protección de la clientela o de las buenas prácticas y usos financieros.

Legitimación:

Podrán presentar quejas o reclamaciones y formular consultas, personalmente o mediante representación, todas las personas físicas o jurídicas, españolas o extranjeras, que estén debidamente identificadas, en su condición de usuarios de los servicios financieros prestados por cualquiera de las entidades supervisadas por el Banco de España, la Comisión Nacional del Mercado de Valores y la Dirección General de Seguros y Fondos de Pensiones, y siempre que se refieran a sus intereses y derechos legalmente reconocidos, o se trate de una consulta sobre sus derechos en materia de transparencia y protección de la clientela y cauces legales existentes para su ejercicio. Igualmente están legitimados para formular presentar quejas o reclamaciones y formular consultas las asociaciones y organizaciones representativas de legítimos intereses colectivos de los usuarios de servicios financieros.

Competencia:

Cualquier reclamación o queja podrá ser presentada indistintamente ante cualquiera de los tres servicios de reclamaciones, con independencia de su contenido. En caso de que el servicio de reclamaciones que recibe la reclamación o queja no resulte competente para su tramitación, se encargará de remitirla inmediatamente al servicio de reclamaciones competente.

La presentación de quejas o reclamaciones se podrá efectuar por los siguientes medios: en soporte papel o por medios electrónicos, a través de los registros electrónicos habilitados a tal efecto en el Banco de España, la Comisión Nacional del Mercado de Valores y en la Dirección General de Seguros y Fondos de Pensiones, en los términos previstos en la normativa aplicable.

Para la admisión y tramitación de reclamaciones o quejas ante el servicio de reclamaciones correspondiente será imprescindible acreditar haberlas formulado previamente al departamento o servicio de atención al cliente o, en su caso, al defensor del cliente o partícipe de la entidad contra la que se reclame. Denegada la admisión de las reclamaciones o quejas, o desestimada total o parcialmente su petición, o transcurrido el plazo de dos meses desde la fecha de su presentación en el servicio de atención al cliente o, en su caso, defensor del cliente o partícipe de la entidad contra la que se reclame, sin que haya sido resuelta, el interesado podrá presentar su reclamación o queja indistintamente ante cualquiera de los servicios de reclamaciones, con independencia de su contenido.

Causas de inadmisión:

Serán causas de inadmisión por falta de competencia por parte de los servicios de reclamaciones o quejas:

- Cuando se pretenda tramitar como reclamaciones o quejas reguladas en este procedimiento recursos o acciones distintas cuyo conocimiento sea competencia de los órganos administrativos, arbitrales o judiciales, o aquellos se encuentren pendientes de litigio ante estos órganos.

- Cuando en la reclamación o queja se planteen controversias sobre determinados hechos cuya prueba únicamente pueda ser realizada en vía judicial.

- Cuando se planteen controversias sobre la cuantificación económica de los daños y perjuicios que eventualmente haya podido ocasionar a los usuarios de los servicios financieros la actuación, incluso sancionable, de las entidades sometidas a supervisión, o sobre cualquier otra valoración económica.

- Cuando la reclamación o queja se fundamente en una controversia cuya resolución requiera necesariamente la valoración de expertos con conocimientos especializados en una materia técnica ajena a la normativa de transparencia y protección de la clientela o a las buenas prácticas y usos financieros.

Finalización del expediente:

- Reclamaciones: el expediente deberá concluir con un informe en el plazo máximo de cuatro meses, a contar desde la fecha de presentación de la reclamación en el servicio de reclamaciones competente. Si ello no fuese posible, deberán hacerse constar expresamente en el informe final las causas que lo han impedido. La falta de emisión del informe en dicho plazo no implicará la aceptación del motivo de las reclamaciones. El informe final del servicio de reclamaciones no tiene carácter vinculante y no tendrá la consideración de acto administrativo recurrible.

- Quejas: el expediente deberá concluir con un informe en el plazo máximo de tres meses, desde la fecha de presentación de las quejas al servicio de reclamaciones competente.

No obstante lo anterior, si la queja tuviera por objeto la demora o incumplimiento de una decisión del departamento o servicio de atención al cliente o, en su caso, del defensor del cliente o partícipe de la entidad contra la que se reclame el expediente deberá concluir con un informe en un plazo máximo de un mes y medio.

PLAZOS DE PRESENTACIÓN

Para que las quejas y reclamaciones sean admitidas por parte del servicio de reclamaciones correspondiente, se considera requisito imprescindible la acreditación de haberlas formulado con anterioridad ante el departamento o servicio de atención al cliente o, en su caso, al defensor del cliente o partícipe de la entidad contra la que se esté presentando la correspondiente queja o reclamación.

En el caso de que se no se produzca la admisión de las reclamaciones o quejas, o haya sido desestimada total o parcialmente su petición, o transcurrido el plazo de dos meses desde la fecha en que la misma fue presentada en el servicio de atención al cliente o, en su caso, defensor del cliente o partícipe de la entidad contra la que se reclame, sin que se haya dictado resolución, el interesado tendrá derecho a presentar su reclamación o queja indistintamente ante cualquiera de los servicios de reclamaciones, con independencia de su contenido.

INTERPOSICIÓN DE LA RECLAMACIÓN ANTE LOS DISTINTOS ÓRGANOS/ENTES

Recibidas las reclamaciones o quejas por el servicio de reclamaciones al que corresponda su conocimiento por razón de la materia, verificará la concurrencia de las circunstancias previstas en los apartados anteriores, y si se cumplen los requisitos necesarios, se procederá a la apertura de un expediente por cada reclamación o queja, en el que se incluirán todas las actuaciones relacionadas con esta; en caso contrario, se requerirá al reclamante para completar la información en el plazo de diez días hábiles a contar desde la fecha en que el reclamante reciba la notificación, especificándose de forma clara cuál es la información que falta para completar la reclamación o queja, con apercibimiento de que, si no la completase, se le tendrá por desistido.

No será preciso para la admisión y tramitación de reclamaciones o quejas ante el servicio de reclamaciones correspondiente acreditar haberlas formulado previamente al departamento o servicio de atención al cliente o, en su caso, al defensor del cliente o partícipe, cuando tengan por objeto la demora o incumplimiento de una decisión del departamento o servicio de atención al cliente o, en su caso, del defensor del cliente o partícipe de la entidad, en sentido favorable al cliente, que hubiera versado sobre el objeto de la queja o reclamación.

Podrá acordarse la acumulación de expedientes, para su tramitación conjunta, en los siguientes casos:

- Cuando se trate de reclamaciones o quejas que hayan sido presentadas por diferentes personas, y se refieran a la misma entidad financiera, que guarden una identidad sustancial o una íntima conexión en los hechos o problemas a los que se refieran.

- Cuando se trate de reclamaciones o quejas formuladas por una misma persona que se refieran a cuestiones que guarden una identidad sustancial o una íntima conexión, y que no consistan en una mera reiteración.

El Banco de España, la Comisión Nacional del Mercado de Valores y la Dirección General de Seguros y Fondos de Pensiones publicarán anualmente una memoria de sus respectivos servicios de reclamaciones en la que, al menos, deberá incluirse el resumen estadístico de las consultas y reclamaciones atendidas y los criterios mantenidos por dichos servicios, en relación con las materias sobre las que versan las reclamaciones presentadas, así como las entidades afectadas, con indicación en su caso del carácter favorable o desfavorable del informe.

RECLAMACIONES Y QUEJAS COLECTIVAS

Será posible presentar una única reclamación o queja conjunta por parte de diferentes reclamantes cuando estos se encuentren afectados por conductas que tengan un contenido y fundamento idéntico o sustancialmente similar, de idéntica entidad financiera.

La presentación de reclamaciones o quejas colectivas se realizará a través de un único representante, debiendo la misma incluir todos los elementos establecidos reglamentariamente para las reclamaciones individuales. Los servicios de reclamaciones deberán tramitar las reclamaciones o quejas colectivas como un único expediente y pronunciarse sobre las mismas en una única resolución.

SUPUESTOS Y PROCEDIMIENTO DE INADMISIÓN DE RECLAMACIONES O QUEJAS

Serán causas de inadmisión por falta de competencia por parte de los servicios de reclamaciones o quejas:

- Cuando se pretenda tramitar como reclamaciones o quejas reguladas en el procedimiento establecido previamente, recursos o acciones distintas cuyo conocimiento competa a otros los órganos administrativos, arbitrales o judiciales, o aquellos se encuentren pendientes de litigio ante estos órganos.

- Cuando en la reclamación o queja se planteen controversias sobre ciertos hechos cuya prueba solamente pueda realizarse en vía judicial.

- Cuando se planteen controversias en relación con la cuantificación económica de los daños y perjuicios que eventualmente se hayan podido causar a los usuarios de los servicios financieros como consecuencia de la actuación, incluso sancionable, de las entidades sometidas a supervisión, o sobre cualquier otra valoración económica.

- Cuando la reclamación o queja esté basada en una controversia cuya resolución requiera de forma necesaria la valoración de expertos que cuenten con conocimientos especializados en una materia técnica ajena a la normativa de transparencia y protección de la clientela o a las buenas prácticas y usos financieros.

- Cuando se detecte falta de fundamento o inexistencia de pretensión por ocultarse datos básicos para la tramitación, incluidos los supuestos en que no se exprese concretamente el motivo de las reclamaciones o quejas, o no quede acreditado que ha transcurrido el plazo de dos meses desde la fecha de presentación ante el departamento o servicio de atención al cliente o, en su caso, defensor del cliente o partícipe de la entidad contra la que se presente la reclamación sin que haya sido resuelta la reclamación o queja, o que ha sido denegada la admisión o desestimada, total o parcialmente su petición, excepto cuando tenga por objeto la demora o el incumplimiento de una decisión del departamento o servicio de atención al cliente o, en su caso, del defensor del cliente o partícipe de la entidad, en sentido favorable al cliente, que se hubiera referido al objeto de la queja o reclamación.

- Cuando los hechos, razones y solicitud en que queden concretadas las cuestiones objeto de las reclamaciones o quejas no se refieran a operaciones concretas o sean distintos de los alegados ante el departamento o servicio de atención al cliente o, en su caso, defensor del cliente o partícipe de la entidad contra la que se reclame.

- Cuando se articulen como reclamaciones o quejas, las consultas sobre derechos en materia de transparencia y protección a la clientela, así como sobre las vías legales existentes para su ejercicio, sin perjuicio de que se acuerde su tramitación como tal consulta, de lo que será informado el interesado.

- Cuando sean formuladas reclamaciones o quejas que reiteren otras anteriores resueltas y que tengan un contenido y fundamento idéntico o sustancialmente similar, respecto del mismo sujeto y referido a un idéntico objeto.

- Cuando se presenten, ante el servicio de reclamaciones de la Dirección General de Seguros y Fondos de Pensiones, reclamaciones o quejas en relación con contratos de grandes riesgos, seguros colectivos o planes de pensiones que instrumenten compromisos por pensiones de las empresas con sus trabajadores o beneficiarios, que no se refieran a la condición de usuario de servicios financieros de las entidades aseguradoras o de entidades gestoras de fondos de pensiones.

- Cuando hubiese transcurrido el plazo de prescripción de acciones o derechos que de conformidad con lo previsto en los contratos o en la normativa reguladora que resulte de aplicación pueda ejercitar quien presente o aquel en cuya representación se presente la reclamación o queja de que se trate y en todo caso cuando haya transcurrido un plazo de 6 años desde la producción de los hechos sin que se haya presentado la reclamación o queja.

- Cuando no sean admisibles a trámite las reclamaciones o quejas, por alguna de las causas señaladas anteriormente, se comunicará al interesado en informe motivado, concediéndole un plazo de diez días hábiles para presentar alegaciones si lo estima oportuno. Cuando el interesado contestase y permanezcan las causas de inadmisión, se le comunicará la decisión final adoptada.

- Cuando se conociese la tramitación simultánea de reclamaciones o quejas y de un procedimiento administrativo, arbitral o judicial sobre idéntica materia, deberá abstenerse de tramitar la primera, y se decretará el archivo del expediente, previa comunicación al interesado.

AUTOEVALUACIÓN

4.1. Un SGBD ha de garantizar la redundancia de la información que en el mismo se contiene:

A) Verdadero.

B) Falso.

C) Verdadero en sistemas DBMS.

4.2. Los tres tipos de relaciones posibles entre los distintos elementos de dos tablas dentro de una base de datos relacional son: uno a uno, varios a varios y:

A) Transversales.

B) Mixtos.

C) Uno a varios.

4.3. En Microsoft Access, los nombres de los campos, control y objetos pueden tener hasta:

A) 64 caracteres.

B) 32 caracteres.

C) 128 caracteres.

4.4. Las normas que limitan lo que los usuarios pueden escribir en un determinado campo además de garantizar que los usuarios de una base de datos especifican la cantidad o el tipo de datos correctos se denominan normas de:

A) Validación.

B) Limitación.

C) Control.

4.5. Al proceso que facilita la realización de resúmenes procedentes de diversas hojas de idéntico libro o de libros diferentes en una única hoja de cálculo que muestra diversas operaciones matemáticas tales como la suma, la media se le conoce como:

A) Implementación de datos.

B) Acotación de datos.

C) Consolidación de datos.

4.6. El nivel de autorización a una base de datos denominado «depositante» permite:

A) Exclusivamente leer documentos públicos.

B) La creación de documentos.

C) La creación de índices de texto.

4.7. Para que se considere que una base de datos se halla adecuadamente normalizada ha de cumplirse un número de normas formales:

A) 3.

B) 4.

C) 5.

4.8. Un objeto en Access puede recibir un nombre que comience por un espacio en blanco:

A) Sí.

B) No.

C) Sí, desde Access 2013.

4.9. La herramienta de análisis de datos que facilita al usuario los factores subyacentes que han de ser modificados para alcanzar la meta que se pretende conseguir es:

A) Referencia circular.

B) Buscar objetivos.

C) Tabla dinámica.

4.10. La serie de valores que Excel conserva y puede sustituir de una forma automática en la hoja de cálculo se denomina:

A) Referencia circular.

B) Formato condicional.

C) Escenario.

ACTIVIDADES PRÁCTICAS

4.1. Empleando internet, busca los registros administrativos en tu área y los horarios de funcionamiento.

4.2. Analiza las páginas web de las aplicaciones MySQL, Oracle, SQL Server, PostgreSQL o DB2 y recoge las principales ventajas que cada una de las mismas ofrece como argumento para su adquisición por parte de los clientes potenciales. ¿Cuál consideras más adecuada para tu empresa?

4.3. Busca en internet bases de datos en materia de consumo que se refieran a aspectos relativos a tu negocio (comercio, deporte, asesoría, hostelería, etc.) y encuentra documentos relevantes para tu actividad. Por ejemplo, estudios sobre la evolución del consumo, de la clientela o sobre legislación específica en materia de consumidores y usuarios en tu sector.